# LE CADET

DE

# NORMANDIE

PAR

ÉLIE BERTHET.

2

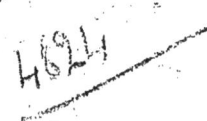

PARIS
PASSARD, LIBRAIRE-ÉDITEUR,
7, RUE DES GRANDS AUGUSTINS.
1853

# LE CADET DE NORMANDIE.

## A LA MÊME LIBRAIRIE.

### H. DE SAINT-GEORGES.

**Un Mariage de Prince**. . . . . 2 vol. in-8. 10 fr.
**L'Espion du Grand Monde** . . . 7 vol. in-8. 35 fr.

### CYPRIEN ROBERT.

**Les Slaves de Turquie**. . . . . 2 vol. in-8. 10 fr.
**Le Monde Slave**. . . . . . . . 2 vol. in-8. 10 fr.
**La Pologne**, JOURNAL SLAVE DE PARIS. . 1 vol in-4. 5 fr.

SOUS PRESSE.

**Un Nouvel Ouvrage** . . . . . . 2 vol. in-8.

### BOITARD.

Auteur du *Jardin des Plantes*, etc., etc.

**Les Vingt-Six Infortunes de Pierrot le Socialiste**. 1 vol. format Charpentier. . . . . . . 3 fr.
**Guide-Manuel de la bonne compagnie**. 1 vol. in-18. 3 fr.

### COMTE ARMAND D'ALLONVILLE.

**Mémoires Secrets de 1770 à 1830** 6 vol. in-8. 7 fr. 50

### MISS EDGEWORTH.

**Hélène**, traduction de madame BELLOC . . 3 vol. in-8. 12 fr.

### L'AUTEUR DE : UN MARIAGE DANS LE GRAND MONDE.

**Tryvelyan** . . . . . . . . . . 3 vol. in-8 12 fr.

### ÉLIE BERTHET.

**Mésaventures de Michel Morin** racontées aux Enfants, et illustrées de 4 jolies vignettes. 1 vol. in-12. 2 fr.
(Cet ouvrage forme le pendant de *Jean-Paul Choppart*.)
**La Malédiction de Paris**. 1 vol. in-18 . . . . 2 fr.

Imprimerie de E. Dépée, à Sceaux.

# LE CADET

DE

# NORMANDIE

PAR

ÉLIE BERTHET.

2

PARIS
PASSARD, LIBRAIRE-ÉDITEUR,
7, RUE DES GRANDS-AUGUSTINS.

1853

I

Les Courtisans.

Le soir du même jour, vers minuit, plusieurs personnes, enveloppées de manteaux, se glissaient mystérieusement l'une après l'autre dans le cloître Saint-Honoré, qui, à cette époque, attenait au Palais-Royal. Il n'y avait de ce côté aucun poste de gardes ; le plus profond silence régnait dans la vaste cour où se trouvaient les cuisines du palais; mais les visiteurs nocturnes semblaient connaître parfaitement les détours de ces bâtiments sombres et muets. Ils se dirigeaient vers une porte basse, cachée dans un angle de la cour, frappaient un coup léger, et la porte s'ouvrait. Une sorte de mot de passe était échangé entre les arrivants et un gardien invisible ; puis on les prenait par la main, et à travers un dédale d'appartements et d'escaliers, on les introduisait dans une salle où d'autres personnes étaient déjà réunies, et causant à voix basse ; rien ne ressemblait davantage aux conciliabules des conspirateurs.

La pièce où se tenait cette réunion, qui du reste semblait devoir être peu nombreuse, offrait elle-même un aspect particulier. C'était une espèce d'oratoire aux lambris dorés et ornés de belles peintures représentant des sujets religieux. Deux portes y donnaient accès ; l'une, celle du cloître, se trouvait si bien cachée dans la boiserie que fermée on n'eût pu soupçonner son existence ; l'autre, au contraire, située du côté du palais, était à deux battants et semblait servir seule dans les circonstances ordinaires. A l'extrémité de cette salle s'élevait un autel d'argent que surmontait un grand crucifix d'ivoire, admirablement sculpté et encadré sur champ de velours noir. La table de l'autel était encombrée de livres qu'on reconnaissait à leurs enluminures, à leurs riches signets, pour des livres de piété; néanmoins, dans le nombre, quelques volumes aux reliures profanes révélaient de singulières distractions de la part de l'habitant de ce réduit. Des coussins de velours à glands d'or et un grand fauteuil du plus beau travail, étaient disposés en face de l'autel ; mais personne n'occupait encore ce siége d'honneur, et les étrangers prenaient place sur deux banquettes fort simples apportées là pour la circonstance. Une lampe d'argent pendait au plafond, chargé de peintures comme les lambris, et jetait une lueur égale et douce sur les assistants, sans toutefois éclairer parfaitement le jeu des physionomies ; on eût dit qu'une lumière trop éclatante eût effrayé cette assemblée, où tout semblait mystère et précautions.

Il n'y avait encore dans l'oratoire que cinq ou six personnes. Deux d'entre elles, dont l'une était le maréchal d'Hocquincourt, portaient l'uniforme militaire, deux autres de brillants habits de cour chargés de broderies; les deux derniers avaient le petit manteau et la tonsure, comme si le clergé, la noblesse et l'épée eussent dû prendre part à ce comité secret.

Hocquincourt, appesanti par l'âge et par l'embonpoint, s'était jeté négligemment sur une banquette en bâillant, tandis que les autres assistants chuchottaient avec vivacité. Las enfin de son inertie, qui, si l'on en juge par l'attitude du bon maréchal, pouvait amener promptement le sommeil, il se tourna vers un personnage à pas de furet, à mine cafarde, et lui demanda nonchalamment :

— Apprenez-moi donc un peu, monsieur de Lionne, ce qui s'est passé ce matin au parlement. D'honneur, à l'heure qu'il est, je ne sais encore rien de la séance, tant ce coquin de Croissi m'a persécuté tout le jour au sujet de notre entreprise. Est-il vrai que le coadjuteur ait tenu bravement tête à M. le prince ? Corbleu ! ces gens d'église en remontreront pour le courage à nous autres gens de guerre, dont c'est l'état d'en avoir !

Ainsi questionné, M. de Lionne s'assit modestement à l'extrémité de la banquette avec cette déférence que l'homme de ruse et d'intrigues éprouve toujours pour l'homme d'action.

— En effet, monsieur le maréchal, la séance a été fort belle, dit-il d'une voix mielleuse ; le cardinal sera fort content de savoir comment l'on fait face à son plus mortel ennemi. Le coadjuteur est allé ce matin au palais avec quatre cents gentilshommes ; M. de Condé n'en avait pas trois cents..... Le parti des princes est frappé de terreur, et la Grande-Barbe lui-même (c'est ainsi que l'on appelait le premier président Molé) n'ose pas élever la voix.

— Il n'importe ! reprit le maréchal d'un

air mécontent, le coadjuteur a beau se mettre en campagne avec toute la vieille Fronde, il ne saura pas forcer M. le prince à la retraite. Il faut prendre d'autres moyens pour mettre l'Etat à l'abri des entreprises de ce rude batailleur.... Mais, à propos, le coadjuteur s'oppose-t-il toujours à notre coup de main actuel? J'espérais que votre éloquence aurait plus de prise sur lui que la mienne.

— Que voulez-vous ! il a refusé, non sans beaucoup de démonstrations hypocrites. Il a dit qu'il n'aimait pas le sang, et que c'était mal servir le roi que de songer à répandre celui d'un tel personnage. Sur ma foi, monsieur le maréchal, je crains fort que, malgré ses belles protestations à la reine, il n'avertisse en secret M. de Condé et ne nous trahisse tous...

— Je ne crains pas cela de lui, dit Hocquincourt d'un air calme ; je l'estime fort et je suis fâché que nous n'ayons pas son approbation. Mais a-t-il réellement tant de respect et d'affection pour M. le prince ?

— Jamais le coadjuteur ne souffrira que Condé disparaisse ainsi de la scène politique, dit Lionne avec un sourire rusé ; la reine était sa dupe quand elle disait hier à Senneterre : le coadjuteur n'est pas aussi hardi que je le croyais !

— Encore une fois, pourquoi cela ?

— Ecoutez-moi ; le coadjuteur est l'allié de la reine contre M. le prince, qui sans lui serait bientôt chef de l'Etat. Mais si

M. le prince mourait, le coadjuteur ne serait plus qu'un factieux inutile, il n'aurait pas ce chapeau de cardinal qu'il désire avec tant d'ardeur, et on l'enverrait à Vincennes... Comprenez-vous ?

Le maréchal partit d'un éclat de rire qui fit retourner la tête aux assistants. Lionne se rengorgeait en recevant ce bruyant applaudissement pour sa perspicacité.

—Mordieu ! je ne pensais pas à cela, dit le maréchal ; je vois maintenant pourquoi M. de Gondi n'est pas des nôtres ; heureusement nous ferons fort bien sans lui ; Croissi nous assure que tout réussira... Mais, à propos de Croissi, il tarde bien à venir ce soir, avec ce jeune lourdeau qu'il doit nous présenter.

— Il est donc vrai, reprit le marquis de Lionne avec inquiétude et en baissant la voix, nous allons voir ce jeune homme ici? Mais, monsieur le maréchal, ne sommes-nous pas un peu bien imprudents de nous montrer à visage découvert? Si cependant on venait à nous trahir! Pour ma part, tout ennemi que je sois de M. le prince, je ne me soucierais pas d'attirer sur moi sa vengeance, et chacun de vous ne s'en soucierait pas davantage, j'imagine!

— A mon tour, reprit le maréchal d'un air suffisant, je vais vous rembourser de l'explication que vous m'avez donnée sur les projets du coadjuteur par une explication au sujet du hardi gaillard qui doit tenter le coup. D'abord il arrive tout bourru de sa province, et ne paraît pas doué d'un grand esprit; de plus, il est gentilhomme, et je vous dirai confidentiellement qu'il est le propre frère de Croissi.

— Je ne vois pas là de garantie suffisante...

— Quoi! vous ne comprenez pas que ce garçon, plein de dévouement pour son frère, aimera mieux se laisser couper en morceaux que de faire un aveu qui jetterait ce frère, et nous par compagnie, dans de fâcheux embarras? De plus il est amoureux d'une fille de la reine qui tient pour le complot; ira-t-il aussi trahir celle qu'il aime? Allez, allez, monsieur de Lionne, cette affaire est l'ouvrage de ce damné Croissi, et le coquin s'entend en intrigues !

—Mais enfin, monsieur le maréchal, qui donc empêchait, au lieu de ce petit gentilhomme campagnard, de choisir quelque bon coupe-jarret de Paris, où il n'en manque pas? Toutes les mains sont égales pour tenir un poignard ; je ne vois pas la nécessité de nous réunir ici en conspirateurs pour commander solennellement une action que nous ne nous vanterons jamais d'avoir conseillée.... A quoi bon cet appareil qui compromet inutilement de loyaux serviteurs de la reine ?

— Que voulez-vous ! dit Hocquincourt en étendant les jambes d'un air d'ennui, on a mis pour condition que cette entreprise fût exécutée par un gentilhomme..... La reine, malgré sa colère, ne permet pas que le sang royal soit versé par une main roturière : elle ne peut avoir confiance dans tout ce qui n'est pas noble, et il faut respecter ses scrupules... Songez donc, d'ailleurs, qu'un coupe-jarret ordinaire, de quelque prix qu'on le payât pour tuer le prince, trouverait toujours moyen de se faire donner par le prince plus d'argent encore pour ne pas le tuer. On a donc besoin... comment a-t-on appelé cela ? Oui, ma foi, on a besoin d'un *assassin par conviction,* c'est le mot ; et pour amener la conviction dans le cœur de ce garçon, qui est, dit-on, assez honnête sous sa grossièreté, on veut l'éblouir, le fanatiser...

Voilà donc, mon cher, la cause de cet appareil, et si vous trouvez que je sois en reste d'explications avec vous, vous êtes vraiment trop difficile !

En même temps il tourna la tête, comme pour couper court à la conversation ; mais ce n'était pas là le compte de Lionne.

— Un mot encore, monsieur le maréchal, reprit-il en se penchant vers Hocquincourt ; vous ne m'avez pas dit quel intérêt avait Croissi dans cette affaire ?

— Quoi! vous ne savez donc pas que la reine lui promet de le faire duc et pair s'il réussit, et qu'il est ambitieux comme un intrigant? D'ailleurs, depuis qu'il a quitté le parti des princes, M. de

Condé l'a pris en haine, et Croissi le lui rend de tout son cœur.

— J'entends... et voilà pour quel motif il sacrifie son frère ? Car, entre nous, l'affaire ne peut guère tourner bien pour le jeune homme.

— Qu'importe! dit le maréchal avec nonchalance, Croissi sans doute est un assez mauvais parent, mais cela ne regarde que lui. Depuis longtemps il était possédé du désir de faire sa fortune, car la sienne est, dit-on, assez médiocre. Dans ce but il a suivi tous les partis les uns après les autres. Enfin il s'est rallié à nous, et le hasard a voulu qu'il eût besoin d'un instrument tel que son jeune frère ; il l'a pris comme autre chose, et si l'on brise l'instrument, après s'en être servi, il se consolera facilement... Mais en vérité, mon cher, continua le maréchal en bâillant de nouveau, vous me faites bavarder comme le bonhomme M. de Broussel lorsqu'il s'agit du cardinal devant messieurs de la grand'-chambre... Je suis rendu, je veux me conserver un peu d'haleine, car peut-être en aurai-je besoin tout à l'heure.

Lionne le regarda d'un air de dédain qu'il se garda bien néanmoins de laisser remarquer. En ce moment, un nouveau personnage entra dans l'oratoire par la porte du lambris; aussitôt on l'entoura d'un air avide : c'était Albert de Croissi. Il était élégamment vêtu, suivant la mode du temps, et affectait un air de gaîté qui eût pu tromper des gens moins pénétrants que des courtisans: mais on remarqua dès l'abord certain embarras sur ses traits.

— Parbleu ! mon cher, dit un vieillard à grande perruque d'un ton sévère, si le cercle ne finissait ce soir plus tard qu'à l'ordinaire vous eussiez fait attendre la reine !

— Mille excuses, monsieur de Châteauneuf, dit Croissi qui s'essuyait le front, mais j'ai été retenu par le contre-temps le plus fâcheux. Un importun, qui s'était avisé de fouiller dans nos secrets, a trompé notre surveillance au moment où j'allais l'envoyer en lieu de sûreté... Heureusement j'ai la certitude qu'il ne savait rien !

— En êtes-vous bien sûr ? demandèrent plusieurs voix avec inquiétude.

— Très sûr, messieurs, soyez sans crainte.

— Et notre jeune fier-à-bras ? demanda d'Hocquincourt.

— Il est là, dit le baron à voix basse en désignant la pièce qui servait d'antichambre.

— Et il est toujours décidé ?

— Oui... c'est-à-dire il lui reste de légers scrupules qui seront bientôt levés.

— Eh bien, pourquoi n'entre-t-il pas ? dit un des assistants ; il est bon que nous voyons par nous-mêmes à qui nous allons confier l'exécution de cette grande entreprise.

Croissi balançait.

— Soit, dit-il enfin, il ne faut pas le laisser réfléchir à loisir, d'autant moins...

Il se mordit les lèvres et rentra dans une pièce encombrée de manteaux, où Fabien l'attendait.

Le jeune Normand, en quittant l'hôtellerie, avait été conduit dans un hôtel somptueux appartenant à son frère ; mais on avait eu soin de le dérober à tous les regards. Un seul domestique de confiance l'avait servi dans une chambre isolée, pendant qu'Albert prenait les plus minutieuses informations dans l'auberge au sujet d'Eustache Vireton. Sur le soir le baron était rentré et avait invité Fabien à se revêtir d'un costume plus convenable que son habit de voyage ; puis il l'avait fait monter dans un carrosse en lui annonçant brièvement que son désir allait être satisfait, et il l'avait conduit au cloître Saint-Honoré, sans que le jeune homme opposât aucune résistance.

Or, tandis que le baron annonçait aux conjurés l'arrivée de son frère, celui-ci était resté seul dans l'antichambre, et ce court espace de temps avait suffi pour donner lieu à une aventure singulière. Cette antichambre était vaste et assez sombre ; Fabien rêvait tout pensif sur un siége, quand il crut entendre près de lui un bruit léger, semblable à celui d'une porte qui glisse sur ses gonds. Il se retourna distraitement, mais il n'aperçut d'abord que des manteaux suspendus à la muraille, auxquels la lueur vacillante d'une bougie donnait des formes fantastiques. Il croyait s'être trompé, lorsque l'un des manteaux s'agita tout à coup, et une tête dont Fabien ne put distinguer les traits apparut au milieu des draperies. On examina l'aventurier un moment comme pour être sûr qu'on ne se trompait pas, puis on dit d'une voix basse, quoique claire et distincte :

— Bon courage, monsieur ! Si vous avez besoin de secours, vous en trouverez de ce côté.

Puis la tête disparut et un nouveau bruit, semblable au premier, se fit entendre, comme si l'on eût refermé le panneau de la boiserie. Quand le jeune homme, revenu de sa surprise, courut vers l'endroit d'où la voix était partie et souleva le manteau brusquement, il ne trouva personne. Seulement il put constater en cet endroit l'existence d'une issue secrète.

Dans l'état d'exaltation de Fabien, il eût été fort excusable de voir de la magie dans cette aventure. Sa jeunesse s'était passée à la campagne; d'ailleurs, à cette époque, rien n'était commun, même dans les hautes classes de la société, comme la croyance aux visions, aux apparitions d'esprits et aux superstitions de tout genre. Cependant sa pensée ne s'arrêta pas un instant à la supposition d'une intervention surnaturelle dans ses affaires ; il jugea plutôt qu'il avait près de lui des amis inconnus qui ne l'abandonneraient pas au besoin. Ses soupçons se portèrent d'abord sur Élisabeth, et il se promit de la remercier plus tard de cet avertissement salutaire qui lui venait dans un moment où l'on pouvait le supposer à bout de courage et d'énergie.

Il était encore ému de cet incident bizarre, lorsque le baron rentra pour le chercher ; mais avant de rejoindre les conjurés, Croissi pressa la main de son frère :

— Fabien, dit-il d'une voix ferme, le

moment solennel est arrivé; souvenez-vous de mes paroles !.... Pas de ridicules fanfaronnades ! une grande fortune ou bien une captivité perpétuelle ; vous choisirez.

Fabien s'inclina silencieusement, et ils entrèrent dans l'oratoire.

Aussitôt les regards se portèrent avec avidité sur le nouveau venu ; l'examen ne dura pas longtemps, car des courtisans, habitués à juger les hommes sur la première vue, n'avaient pas besoin de longues investigations ; presque tous témoignèrent un grand étonnement en trouvant Fabien si différent de ce qu'ils attendaient.

Le jeune cadet était vêtu d'un justaucorps de velours vert qui faisait ressortir la richesse de sa taille et d'un haut-de-chausse de même étoffe, orné de cette profusion de rubans alors de rigueur dans la toilette d'un élégant. Ses belles proportions, son attitude noble et calme, ne rappelaient en rien la lourdeur d'un campagnard. Il tenait à la main son chapeau surmonté d'une plume verte ; les boucles de son abondante chevelure se jouaient sur son cou brun et poli. Ses traits réguliers, mâles sans dureté, n'exprimaient rien aussi de cette simplicité rustique annoncée par le baron ; seulement une légère rougeur les colorait en ce moment, soit que l'attention dont il était l'objet en fût la cause, soit qu'il éprouvât un sentiment de honte en songeant à quel titre il entrait dans cette assemblée.

Il salua poliment, mais la plupart des assistants ne lui rendirent pas son salut, peut-être par mépris pour un homme qu'ils croyaient prêt de devenir assassin. Le baron ne songea pas non plus à présenter officiellement son frère aux conjurés ; lui montrant une place à l'extrémité d'une banquette vide, il rejoignit le groupe que formaient les courtisans autour de l'autel.

— Vraiment, Croissi, dit l'un d'eux à voix basse, c'est un cavalier de fort bonne mine que vous avez choisi... Le gagneur de batailles aura fort à faire dans une lutte corps à corps avec lui !

— N'est-il pas vrai, monsieur de Servien ? répondit Albert avec satisfaction ; eh bien ! le jeune galant est aussi brave qu'il est robuste ; et si nous le décidons une bonne fois à mesurer ses forces contre celles du gagneur de batailles, comme vous appelez notre ennemi...

Une exclamation du maréchal d'Hocquincourt interrompit les conversations particulières. Le maréchal avait d'abord laissé tomber un regard d'indifférence sur Fabien ; mais peu à peu son examen était devenu plus sérieux ; enfin il se leva tout à coup en s'écriant :

— Mort de ma vie! ne me trompé-je pas? N'est-ce pas là ce gentilhomme qui m'a rendu sur le Pont-Neuf un si grand service en nous dégageant des mains de la canaille? Parlez, jeune homme, est-ce bien vous qui chargiez si courageusement cette populace furieuse avec un fouet pour arme et un mauvais cheval de poste pour monture? J'ai parlé toute la journée de cette prouesse, et j'en ai vainement cherché le héros...

— C'était moi, monsieur, dit Fabien avec modestie, mais j'avais un intérêt si puissant à dégager ce carrosse...

— Je vous retrouve donc, dit le maréchal avec entraînement! Ventrebleu! je suis ravi de vous voir, mon brave garçon, touchez là...

Il tendit cordialement la main au jeune homme, mais une réflexion subite la lui fit retirer aussitôt.

— Il est dommage, dit-il d'un air brusque et chagrin, qu'un bon luron tel que celui-ci s'engage dans une mauvaise affaire!... Non pas, jeune homme, que l'entreprise dont on vous a parlé ne soit nécessaire au salut de l'État, mais j'aurais voulu qu'on confiât à d'autres la vilaine portion de la besogne.

— Monsieur le maréchal! murmura le baron à son oreille d'un ton suppliant, songez à vos paroles...

— Allez au diable, vous ! reprit le vétéran avec colère ; je suis un serviteur de la reine, mais à parler vrai, je n'aime pas voir un enfant, doué de ce qu'il faut pour faire un brave et fidèle soldat du roi, tourner si mal, égaré qu'il est sans doute par de méchants conseils... C'est un de vos tours, Croissi ; honte sur vous d'en agir de cette façon avec votre jeune frère !

Croissi porta la main à son épée ; les assistants durent s'interposer entre le baron et le maréchal, qui dans sa généreuse indignation, oubliait qu'il avait été le premier instigateur de l'entreprise dont on allait confier à Fabien l'exécution. On essaya de le calmer ; malheureusement

Hocquincourt était de ces hommes que tout effort pour les apaiser irrite davantage, tant que leur colère n'a pas eu son effet.

— Nous nous retrouverons, Croissi! reprit-il avec rudesse; mais si l'on a employé la ruse pour pousser ce jeune homme à des actes qui lui répugnent, je m'engage, moi d'Hocquincourt, à le soutenir vigoureusement; et quand même le complot devrait manquer...

En ce moment la grande porte de l'oratoire s'ouvrit à deux battants et on annonça presque à voix basse :

— La reine !

Hocquincourt se tut et tout le monde se leva. Anne d'Autriche entrait, suivie seulement de mademoiselle de Montglat.

## II

### Le Conseil.

La reine venait de quitter les grands appartements; elle portait encore le riche costume d'apparat sous lequel elle avait présidé le cercle de la cour. Sa robe était de velours noir, suivant l'étiquette de cette époque; des dentelles d'un prix inestimable, et pour lesquelles Anne d'Autriche manifestait un goût particulier, ornaient ses épaules et ses bras que les manches courtes de la robe laissaient demi-nus. Des guirlandes de perles et de pierres précieuses s'entrelaçaient dans ses cheveux blonds et retombaient, en s'enroulant autour de son cou, jusqu'à la ceinture. Des talons rouges rehaussaient encore sa taille élevée, pleine de dignité. Quand elle entra dans l'oratoire, une sorte d'impatience était peinte sur son visage; sa bouche, dont la lèvre inférieure saillait légèrement, comme chez toutes les princesses de la maison d'Autriche, paraissait un peu pincée. Mais cette expression de mécontentement disparut à la vue de l'assemblée; un sourire vint éclairer sa physionomie, d'ordinaire sérieuse et mélancolique.

Fabien n'aurait pas eu besoin d'être averti par la voix de l'huissier pour reconnaître la reine dans cette imposante personne. En la voyant paraître ainsi fière et majestueuse, étincelante de diamants, dans tout l'éclat de la pompe royale, le pauvre campagnard fut saisi de respect et de terreur ; il sentit son courage défaillir. Son regard chercha celui d'Élisabeth, mais mademoiselle de Monglat était plus pâle encore que le matin; sa contenance trahissait un morne abattement; ses yeux rencontrèrent ceux de Fabien, mais ils n'exprimaient que du désespoir. Ce n'était donc pas d'elle que devait lui venir du secours? Mais alors qui pouvait être cet ami mystérieux assez puissant pour étendre sa protection jusque dans ce palais?

Les courtisans s'inclinèrent profondément devant la régente.

— Dieu vous garde, messieurs, dit-elle en faisant un signe poli, je vous demande grâce pour mes retards... Mais les importuns et les joueurs de la grande galerie ne se doutaient pas que mes plus loyaux serviteurs m'attendaient ici; l'étiquette m'a semblé fort importune pendant cette soirée, vous pouvez m'en croire.

Elle prit place dans le fauteuil qui l'attendait; puis elle échangea quelques mots à voix basse avec chacun des assistants

Croissi vint le dernier; mais la reine parut l'écouter avec une espèce de dégoût et l'interrompit bientôt :

— C'est fort bien, monsieur de Croissi, reprit-elle tout haut; je m'en rapporte à vous pour les menus détails de ce projet. Mais où donc est le beau damoiseau qui doit nous prêter le secours de son bras? On m'avait dit, je crois, que je le trouverais ici?

— Le voici, madame, répliqua le baron en prenant son frère par la main.

Anne d'Autriche attacha sur Fabien ce regard pénétrant qui la caractérisait; puis elle se tourna vers la fille d'honneur, qui se tenait tremblante derrière son fauteuil :

—Eh! mais, friponne, murmura-t-elle à son oreille en souriant, tu n'as pas mauvais goût, il est fort bien ton galant; il s'agit de savoir...

Mais, changeant de ton, elle s'adressa directement à Fabien :

— Approchez, monsieur, reprit-elle, je serai contente de voir de près un gentilhomme qu'on dit si fidèle à ma cause.

Fabien, la première impression passée, parvint à surmonter son trouble; il s'avança respectueusement et mit un genou à terre devant la reine. Anne parut prendre plaisir à examiner les belles et vigoureuses proportions du jeune homme ainsi prosterné.

— Relevez-vous, monsieur, reprit-elle

enfin ; on nous a parlé de vous comme d'un cavalier résolu ?

— Et je puis affirmer à Votre Majesté qu'on ne l'a pas trompée sur ce point, interrompit d'Hocquincourt avec sa brusque franchise, car je l'ai vu besogner, pas plus tard qu'hier sur le Pont-Neuf.

— Vous ne pouvez qu'être un excellent juge en matière de courage, monsieur le maréchal, dit la reine gracieusement; et ce jeune cadet doit être fier de votre suffrage... mais à l'époque où nous vivons, ce courage vulgaire, qui fait affronter le péril dans une émeute populaire ou dans la mêlée d'une bataille, ne suffit pas. Le salut général exige quelquefois un dévoûment d'une autre espèce, et c'est ce dévoûment que nous attendons de notre vaillant champion. J'espère qu'il ne trompera pas notre attente !

Fabien, qui s'était levé, restait debout en face d'Anne d'Autriche. Les courtisans formaient cercle autour d'eux ; les regards se fixaient tour à tour sur la régente et sur le jeune aventurier. Celui-ci, dont l'embarras avait cessé, répondit en s'inclinant :

— Le devoir d'un sujet n'est-il pas d'obéir à sa souveraine dans tout ce qu'elle a le droit d'ordonner ?

— Oh ! mes sujets, dit aigrement la reine, savent fort bien se dispenser de ce devoir... Demandez à ces messieurs, qui les connaissent, de quels outrages on abreuve chaque jour la mère de leur roi ? Mais, continua-t-elle avec impatience, venons au fait... Jeune homme, vous avez désiré, par un scrupule que j'honore, entendre la régente de France elle-même vous donner l'ordre de délivrer l'État de son plus dangereux ennemi ; cet ordre, je vous le donne... Maintenant vous devez être content ; jurez-moi de remplir cette mission, même au péril de votre vie, et laissez-nous... M. de Croissi vous dira plus exactement ce qu'on exige de vous.

Élisabeth attacha sur Fabien son œil fixe et hagard ; le baron, aussi troublé qu'elle, attendait avec anxiété la réponse de son frère.

— Madame, reprit Fabien d'un ton respectueux, mais ferme, Votre Majesté me pardonnera de me tenir en garde contre toute espèce de malentendu... Qu'elle me permette donc de lui demander si c'est réellement le grand Condé, le premier prince du sang, qu'elle appelle ennemi de l'État?

Un murmure sourd courut dans l'assemblée ; la reine rougit.

— Et pourquoi non, monsieur, dit-elle avec véhémence, si celui qu'à votre tour vous appelez le *grand* Condé se montre factieux insolent, ambitieux, traître à la France et au roi? Que signifie une pareille question? M'aurait-on trompée sur votre compte? Refuseriez-vous d'obéir à votre souveraine?

Elle frappait du pied avec colère. Tout le monde tremblait; Fabien seul ne parut pas ému.

— Ma souveraine ! répéta-t-il d'une voix animée ; est-ce bien elle que je vois ? Est-ce bien la petite-fille de Charles-Quint que je viens d'entendre ? Où sommes-nous ici ? Doit-on entrer chez une reine de France furtivement, la nuit, en se glissant dans l'obscurité comme un voleur ? Je cherche la majesté du trône ? je cherche la reine ! Je ne vois ici qu'une femme qui se cache avec des conspirateurs nocturnes pour comploter un assassinat !

La hardiesse de ces paroles frappa les courtisans de stupeur. Aucun d'eux ne songeait à faire taire l'imprudent enthousiaste.

— Audacieux! dit Anne d'Autriche d'un ton foudroyant en se levant.

Fabien tomba sur ses genoux :

— Oh! écoutez-moi, madame, reprit-il avec chaleur; je suis perdu, je le sais, mais j'ai sacrifié ma vie pour apporter jusqu'à vous la vérité que l'on vous cache peut-être... L'affreux moyen que vous proposent des hommes passionnés est indigne de vous. Non, quoi qu'on vous dise, le sang du plus brave et du plus noble défenseur de la patrie ne doit pas être ainsi versé traîtreusement par une main obscure dans un affreux guet-apens... Ouvrez, ouvrez les yeux, mon auguste reine ! Songez à votre aïeul, songez à votre fils, songez à la sainteté du pouvoir que vous tenez de Dieu !

Anne d'Autriche partit d'un éclat de rire convulsif.

— Que nous veut ce ridicule sermoneur? dit-elle avec ironie. Que nous veut cet écolier présomptueux ? vient-il ici nous prêcher de la morale ? Est-ce encore une insulte de mes ennemis ? Vrai Dieu ! messieurs, celui qui nous l'a préparée pourrait se repentir de son imprudence !

Puis, passant tout à coup à d'autres sentiments avec cette légèreté naturelle à certains caractères irascibles, elle reprit d'un ton sombre :

— Tu crois être ici dans une assemblée de conspirateurs qui méditent une méchante action ; eh bien ! soit ; mais sais-tu bien où se tient le conciliabule des conjurés ? sais-tu bien où nous sommes ? Nous sommes dans mon oratoire, au Palais-Cardinal. Tu ne me connais pas ; regarde-moi ; je suis la reine-régente. Ces messieurs, regarde-les aussi : ce sont MM. Le Tellier, de Servien et de Lionne, ministres sous-secrétaires d'état ; c'est M. de Châteauneuf, le garde-des-sceaux ; c'est M. le maréchal d'Hocquincourt, le général en chef des armées du roi ; c'est tout le conseil de régence, ce sont les défenseurs les plus zélés de mon fils Louis. Regarde-nous... Peu nous importe que tu saches que la reine et ses ministres en sont réduits à conspirer dans l'ombre, comme des citoyens opprimés ; qu'ils en sont réduits à supplier un petit gentillâtre tel que toi de sauver le royaume par un coup de poignard !

Ne pouvant plus modérer la violence de ses émotions, elle retomba dans son fauteuil et se couvrit le visage avec ses deux mains pour cacher ses larmes. Cette émotion fut partagée par ceux de l'assemblée chez qui les intrigues politiques n'avaient pas étouffé toute pensée généreuse, toute pitié pour les maux dont la France était alors accablée. Le baron profita de ce moment pour se pencher vers son frère et lui dire à voix basse :

— Malheureux ! rétracte-toi, sinon...

Mais Fabien, préoccupé de son généreux dessein, ne l'écoutait pas ; il resta prosterné devant la reine, et s'écria dans un élan de cœur en joignant les mains :

— Madame ! au nom de Dieu, ne m'accablez pas de votre colère et de votre mépris ! Ce n'est pas un sentiment de ridicule présomption qui m'a fait porter à vos pieds une vérité cruelle; je remplis, au risque d'attirer sur moi votre redoutable vengeance, un devoir que je considère comme sacré. Je suis le plus obscur, le plus soumis de vos sujets ; comme les autres, je vous dois mon respect, mon dévoûment, mon amour ; je vous ferais sans murmurer le sacrifice de ma vie, mais Dieu me défend de vous sacrifier mon honneur et ma conscience.

Anne d'Autriche parut enfin dominer son attendrissement ; elle releva la tête et reprit d'un air hautain :

— Que vous semble, messieurs, de l'insolence de ce jeune prêcheur? S'il s'était contenté de déchirer mon cœur de reine et de mère, en me rappelant dans quel état d'abaissement j'ai laissé tomber le pouvoir de mon fils, je pourrais oublier qu'il s'est exprimé comme il n'est pas permis à un sujet de le faire en ma présence... Mais il a votre secret et le mien ; il ne m'appartient plus d'être clémente.

Fabien, se relevant, attendit son sort avec dignité. Les assistants se regardèrent en silence, mais aucun n'avait encore ouvert un avis, lorsque mademoiselle de Monglat, qui, pendant cette scène, avait épuisé tous les genres de souffrance morale, se pencha toute épouvantée vers la reine :

— Je l'avais bien dit à Votre Majesté, madame! s'écria-t-elle; il ne pouvait accepter un pareil office! Mais, de grâce, ayez pitié de lui, pardonnez-lui... Il est fidèle : il ne trahira pas votre secret, je vous le jure.

— Allez-vous recommencer vos pamoisons et vos pleurnicheries, mademoiselle? interrompit la reine sévèrement; je suis lasse de ce manége, et ce n'est qu'à force d'importunités que j'ai bien voulu vous amener ici... Vous verrez, ajouta-t-elle avec aigreur, que pour plaire à cette folle, ces messieurs et moi nous ne devrons pas prendre les mesures qu'exige notre repos et celui de l'État ! Il faudra permettre à ce vaillant paladin d'aller se vanter dans les tavernes de Paris des belles choses qu'il a dites en face à la reine de France !

Cette inexorable réponse ne diminua pas l'ardeur généreuse de la jeune fille.

— Que Dieu donne de longs jours à Votre Majesté ! continua-t-elle avec courage ; mais je la supplie humblement de me permettre de lui représenter qu'il n'est pas nécessaire d'ensevelir cet infortuné jeune homme dans une prison pour s'assurer de sa discrétion. Il est gentilhomme ; on peut se fier à sa parole, et moi qui sais combien il est loyal, je puis me porter garant qu'il ne la trahira pas.

Comme les membres du conseil semblaient étonnés de la chaleur qu'elle mettait à défendre Fabien :

— Messieurs, leur dit-elle en fondant en larmes, c'est moi qui la première l'ai poussé dans l'abîme où vous le voyez... C'est à cause de moi qu'il a quitté sa paisible province, pour s'engager dans ces sinistres intrigues... et cependant je l'aimais, mon Dieu! je l'aimais de toute mon âme! mais un infâme s'est joué de moi!...

Les sanglots lui coupèrent la parole. La reine reprit froidement avec cette sécheresse de cœur que donne un violent désappointement :

— En vérité, messieurs, je croyais vous avoir réunis ici pour traiter d'une entreprise qui intéresse le royaume, et nous avons à nous occuper des amours d'une de mes filles d'honneur avec un gentillâtre normand; croyez-le bien cependant, ce spectacle n'est pas plus divertissant pour moi que pour vous!

Plusieurs voix s'élevèrent à la fois pour donner des avis, mais le baron de Croissi, le visage livide, les yeux en feu, s'approcha de la reine et lui dit d'un ton chaleureux :

— Je supplie Votre Majesté de croire que j'ai le premier été trompé par la feinte simplicité de ce misérable jeune homme. Il a cruellement abusé de ma bonne foi, il a renié ses promesses solennelles! je ne chercherai donc pas à réclamer contre la juste vengeance que Votre Majesté doit tirer de ceux qui l'ont trahie !

—Me venger de ce malheureux! répondit la reine avec dédain, ma vengeance ne peut descendre si bas... Que ces messieurs décident de son sort, je le leur abandonne.

— Madame, s'écria d'Hocquincourt d'un air empressé, je connais ce gentilhomme seulement depuis hier, et je le vois aujourd'hui pour la seconde fois... Il vient d'agir et de parler d'une manière coupable ; et de la part d'un personnage plus important ce serait un crime de lèse-majesté... Mais il est jeune, sans expérience. Si donc Votre Majesté fait cas de mes bons et loyaux services, je lui demande que ce pauvre diable ne soit pas châtié trop rudement pour sa sotte hardiesse. Je suis son obligé; d'ailleurs ses discours me paraissent inspirés par un sentiment généreux, quoique absurde et malséant. En un mot, madame, il suffira, je crois, d'exiger de lui la promesse qu'il ne révélera rien de ce qu'il sait. Si quelqu'un doit être chargé de veiller sur lui et se porter caution de son silence, je ne crains pas de répondre de lui corps pour corps vis-à-vis de Votre Majesté.

— Oh! merci, merci, monsieur le maréchal! murmura Élisabeth.

Le jeune Croissi fit à son défenseur un signe de respectueux remercîment. Les courtisans se consultèrent tout bas sur le parti qu'ils devaient prendre pour se mettre à l'abri des indiscrétions de Fabien ; quelques-uns insinuaient que les murailles d'une prison d'état seraient plus sûres que l'hôtel d'Hocquincourt pour les protéger contre une parole imprudente. Cependant aucun d'eux sans doute ne se souciait beaucoup de se brouiller avec le maréchal, et la reine, bien qu'elle détournât la tête avec une indifférence affectée, semblait aussi pencher vers le parti de la douceur. On allait donc peut-être accorder au protecteur de Fabien ce qu'il demandait, lorsque le baron intervint de nouveau :

— Un moment, messieurs ! dit il avec fermeté ; si, par une faveur suprême de la clémence royale, mon frère n'avait pas à porter la peine de ses audacieux discours, je ne reconnaîtrais à nul autre que moi le droit de disposer de lui ; je le réclamerais comme étant son aîné, son tuteur naturel.

— Les liens que vous invoquez sont rompus à jamais entre nous ! s'écria Fabien d'un air indigné. Les bienfaits dont vous avez pu me combler autrefois sont effacés dès ce moment par votre odieuse conduite envers moi... Vous n'êtes plus mon frère, je ne vous connais pas.

— Allons ! une scène de famille, maintenant ! dit la reine avec ironie.

— Messieurs, reprit Elisabeth en s'adressant aux courtisans, ne livrez pas ce pauvre jeune homme à l'impitoyable tyrannie de son frère... M. de Croissi a voulu déjà le sacrifier à son insatiable ambition, qui sait ce qu'il lui réserverait dans l'avenir? Et vous, madame, continua-t-elle en se tournant vers la reine, souvenez-vous qu'hier Fabien s'est bravement exposé pour votre cause! souvenez-vous de la pitié que vous avez ressentie déjà pour la jeunesse et le courage de mon malheureux ami! Grâce entière, grâce, madame! et vous n'aurez pas de serviteur plus dévoué que lui!

La reine, malgré cette insensibilité qu'elle aimait à montrer en public, avait le cœur bon; sa colère était aveugle, violente, irrésistible, mais jamais de longue durée, et, passé le premier moment, jamais redoutable. Les larmes, le ton suppliant d'Elisabeth la touchèrent vivement; peut-être cette affection si vraie, si courageuse de la jeune fille lui rappela-t-elle certains souvenirs de jeunesse... Quoiqu'il en fut, elle allait peut-être accorder à Fabien un pardon complet, lorsque l'impitoyable Croissi vint encore changer ses sentiments.

— Madame, dit-il à la reine en désignant mademoiselle de Montglat par un geste de mépris, Votre Majesté connaît-elle bien celle qui sollicite une pareille faveur, et qui me prodigue les noms d'infâme et de traître en votre présence ? Sait-elle combien sa fille d'honneur abuse du poste de confiance qu'elle occupe près de la reine?

— Qu'avez-vous à dire d'Elisabeth? demanda la régente avec étonnement.

— Monsieur de Croissi! s'écria mademoiselle de Montglat éperdue.

— Vous n'avez pas tenu votre promesse! continua le baron avec rage ; au lieu d'engager cet orgueilleux à remplir son devoir, vous avez présenté sous d'odieuses couleurs une action louable dans son but; à mon tour je suis quitte de ma parole. Je puis révéler à la reine un secret que le hasard m'a fait découvrir et qui pour un temps vous avait mis à ma discrétion... Sachez-le donc, madame, mademoiselle de Montglat, que vous avez comblée de bontés, trahissait chaque jour votre confiance, chaque jour...

— Que la paix du Seigneur soit parmi vous! dit tout à coup une voix pleine et sonore derrière l'assemblée.

Il serait impossible de peindre l'agitation que produisit cet incident inattendu. Les regards se portèrent spontanément vers la porte ; une vive anxiété se peignit sur les visages. La reine elle-même, malgré l'intérêt qu'elle prenait aux révélations de Croissi, se leva rapidement. Un nouveau personnage venait d'entrer par la porte du lambris ; à peine eut-il fait quelques pas dans l'oratoire qu'on reconnut le coadjuteur.

## III

### La Nouvelle.

Gondi n'avait plus ce costume de cavalier sous lequel Fabien l'avait rencontré la veille, et les habits qu'il portait en ce moment semblaient lui convenir beaucoup mieux. C'était un beau prélat en rochet et en camail, marchant avec dignité et donnant sa bénédiction avec une grâce mondaine. Sa robe violette semblait allonger sa taille, naturellement un peu courte, comme nous l'avons dit, et cachait tout à fait ses jambes disgracieuses, dont on l'avait raillé plusieurs fois. Mais il avait conservé cet air de pénétration et de malice, ce sourire fin et moqueur, indices si vrais de son caractère. Un clignement d'yeux singulier, qui provenait d'une vue basse et fatiguée, donnait en tout temps à son regard un éclat extraordinaire ; mais lorsqu'il entra dans l'oratoire, le feu qui jaillit de ses paupières ainsi contractées parut embarrasser les courtisans plus que de coutume. Plusieurs tournèrent la tête pour n'être pas reconnus, d'autres rougirent comme s'ils étaient pris en flagrant délit de mauvaise action ; tous donnèrent des preuves non équivoques de confusion et d'inquiétude.

Ces observations n'échappèrent pas à Gondi ; il se mordit les lèvres malicieusement, mais, dissimulant aussitôt cette velléité de moquerie, il vint saluer la reine avec les formes du plus grand respect.

Anne d'Autriche était elle-même fort interdite ; malgré son art à cacher ses sentiments, elle ne put s'empêcher de laisser voir quelque chose de sa surprise.

— Monsieur le coadjuteur est toujours le bien venu, dit-elle avec une gaîté forcée ; mais, je l'avouerai, en ce moment j'étais loin de m'attendre à sa visite.

— Qu'y a-t-il dans ma présence qui doive étonner? dit le prélat d'un air de sérénité parfaite; n'est-ce pas l'heure où Votre Majesté daigne recevoir ici quelquefois son humble sujet, pour l'entretenir des affaires de l'Etat?

— Il est vrai, repartit la reine, mais je ne croyais pas que cette nuit...

— Cette nuit, comme toutes celles où Votre Majesté me fait l'insigne honneur de m'accorder audience, je suis venu frapper à la petite porte du cloître Saint-Honoré. Gabouri, votre chevalier d'honneur, m'attendait, comme à l'ordinaire, et c'est peut-être par une méprise que je déplore, puisqu'elle a pu vous offenser, qu'il m'a conduit dans votre oratoire, où je ne comptais pas, il est vrai, trouver si nombreuse compagnie. Mais je supplie humblement Votre Majesté, si ma présence lui déplaît, de me pardonner, vu l'importance des nouvelles que j'apporte aujourd'hui.

— Vous m'apportez une nouvelle importante ? dit la régente ; en ce cas, monsieur le coadjuteur, veuillez me suivre dans une pièce voisine.

— Je suis aux ordres de Votre Majesté ; mais il n'est aucunement nécessaire de cacher à ces messieurs un évènement qui demain matin sera connu de tout Paris... Et d'ailleurs, continua-t-il en souriant, si je ne me trompe, la nouvelle dont je parle touche singulièrement au motif qui réunit ces nobles personnages autour de Votre Majesté.

Le malaise des assistants s'accrut en écoutant cette insinuation; la reine elle-même fut légèrement alarmée.

— Je ne comprends pas, monsieur le coadjuteur, reprit-elle, que le secret d'une délibération de nos conseillers officiels ait pu parvenir jusqu'à vous, à moins de trahison.

Gondi ne s'effraya nullement de cette remarque, faite d'un ton d'impatience.

— Que Votre Majesté me pardonne, dit-il avec gaîté, mais est-il dans les usages qu'une fille d'honneur et un gentilhomme sans charge à la cour, tel que ce jeune cavalier (et il désignait Fabien), prennent place au conseil avec les sous-ministres et le garde-des-sceaux ?

Et comme ces paroles semblaient redoubler le mécontentement et l'embarras de la reine :

— Madame, reprit-il plus sérieusement, je connais l'entreprise dont s'occupaient ici vos conseillers ; je ne l'approuve pas, mais je ne songerai jamais à la révéler… Si contraire qu'elle me paraisse aux intérêts de la couronne, il me suffit qu'elle ait eu l'approbation de Votre Majesté. Si donc, contrairement à l'étiquette, j'interromps ainsi vos délibérations sans être attendu, c'est qu'il est arrivé des évènements qui rendent ces délibérations inutiles. En deux mots : le prince de Condé, averti ce soir de ce qui se tramait contre lui, vient de quitter Paris avec les princes ses frères et toute sa noblesse.

La foudre tombant en éclats au milieu de l'assemblée n'eût pas produit sur les courtisans un effet plus terrible que cette nouvelle. Chacun d'eux, se croyant personnellement menacé par la colère du premier prince du sang, ne pouvait cacher sa frayeur. Ils se voyaient déjà sacrifiés sans remords aux rancunes de celui qu'ils avaient voulu perdre ; ils restaient sombres, consternés, sans oser même se confier leurs craintes. Croissi, surtout, que l'on connaissait pour un des meneurs de cette entreprise, et dont la trahison envers Condé aggravait encore la position, se crut perdu sans ressource ; il promena son regard sombre autour de lui, comme pour chercher sur qui décharger sa colère. Fabien et Elisabeth seuls se réjouissaient au fond du cœur de cet évènement, car il rendait impossible l'exécution du complot.

La reine devenait rêveuse ; elle semblait calculer intérieurement si cette nouvelle était fatale ou non à ses intérêts.

— Il est donc parti ? il m'a donc enfin cédé le pas ? dit-elle au bout de quelques instants de réflexion, avec un accent d'orgueil satisfait : le *grand* Condé, comme on s'obstine à l'appeler, a donc pris la fuite devant une femme? Ah! M. le cardinal sera bien joyeux!

Puis comme on écoutait avidement ses paroles, elle se tourna vers Paul de Gondi et reprit :

— Il y a du bon et du mauvais dans vos nouvelles, monsieur le coadjuteur,; mais, puisque vous avez été si vite et si bien informé, ne pouvez-vous me dire du moins si l'on sait où doit se retirer M. le prince? Sans doute il se rend en Guyenne pour commencer la guerre civile?

— J'espère, madame, dit le coadjuteur, que l'Etat n'aura pas encore à souffrir de ces cruelles extrémités. D'après des rapports certains, M. le prince va seulement se retirer au château de Saint-Maur, près de Paris. Il pourra de là se rendre encore chaque jour au parlement avec une escorte convenable et demander vengeance contre ses ennemis.

Le malin prélat accompagna ces paroles de ce clignement d'yeux dont nous avons parlé, comme s'il eût eu l'intention d'augmenter les angoisses secrètes des courtisans. Leur contenance était si morne que la reine elle-même sembla prendre pitié de leurs souffrances.

— Mes serviteurs fidèles ne doivent pas s'effrayer de ce départ, dit-elle d'un ton froid et distrait qui démentait ses paroles; si, forcée par la nécessité, j'acceptais jamais un accommodement avec le prince rebelle, je ne serais pas assez faible pour lui sacrifier mes amis ; il a fallu déchirer mon cœur pour me séparer de mon cher cardinal... Mais, reprit-elle avec sévérité, avant de raisonner sur les suites de cet événement, il est important de savoir quel traître a pu donner l'éveil à M. le prince, et j'ordonne à M. le coadjuteur de me dire ce qu'il sait sur ce point.

Paul de Gondi répondit en pesant chacune de ses paroles :

— Madame, un fait diminuera la tendre sollicitude de Votre Majesté pour ses conseillers et peut-être, ajouta-t-il avec une ironie grave, va leur rendre un peu d'assurance : M. le prince, bien informé de tout le reste, ne connaît pas le nom d'un seul de ceux qui complotaient contre lui. Ses soupçons, s'il en a conçu, ne pourront donc fournir de base suffisante pour une accusation solennelle devant la grand'-chambre.

Cet aveu, que le coadjuteur semblait avoir retardé par malice, rassura les courtisans ; ils respirèrent bruyamment et redressèrent la tête ; la parole leur revint avec la certitude que le danger n'était pas aussi grand qu'ils l'avaient redouté.

— Monsieur le coadjuteur, dit Croissi de ce ton mielleux qu'il savait prendre par circonstance, avec la permission de Sa Majesté, je vous ferai remarquer que vous ne répondez pas exactement à sa question. La reine vous a demandé si vous saviez qui pouvait livrer à M. le prince le secret de l'entreprise de M. d'Hocquincourt... car si cette entreprise eût réussi, la gloire en fût revenue à M. le maréchal... Quant à moi, poursuivit-il d'un ton sec, je ne cacherai pas à Sa Majesté que l'insuffisance des renseignements fournis à M. le prince semble prouver, de la part du donneur d'avis, une connaissance incomplète de l'affaire, ou certains ménagements à garder envers les deux partis. Je suppose donc que le révélateur est quelque homme d'église fourbe et rusé dont ce projet dérangerait sans doute les intrigues.

Cette insinuation était faite d'un ton qui ne permettait pas de se méprendre sur sa portée. Les courtisans approuvèrent d'un signe cette attaque directe contre le coadjuteur, leur ennemi et leur rival dans les affections de la reine. Anne d'Autriche, elle-même, n'était peut-être pas fâchée en secret qu'un autre eût exprimé des soupçons qu'elle avait conçus déjà, mais que ses rapports avec le coadjuteur lui défendaient d'avouer. Gondi reçut avec un calme parfait la botte que venait de lui porter le baron, et il répondit en souriant :

— Je supplie Votre Majesté, madame, de me permettre de manquer au respect que je lui dois, en répondant à la question de M. de Croissi avant de répondre à la sienne... Si l'homme d'église dont parle

M. de Croissi avait voulu prévenir M. le prince du projet dont il s'agit, il n'eût pas attendu si longtemps pour le faire, puisqu'il en a connaissance depuis plusieurs jours déjà. D'un autre côté, si cet ecclésiastique avait eu l'intention, qu'on lui suppose, de gagner par une trahison les bonnes grâces du premier prince du sang, il aurait pu se prévaloir auprès de lui de certains détails qu'il a su pénétrer, n'importe par quels moyens. Il savait par exemple, continua-t-il en désignant Fabien, que ce jeune homme, chargé de frapper le prince, était un cadet de Normandie, sans sou ni maille, qu'un sien frère, du nom de Croissi, ancien gentilhomme de Condé, avait embauché pour cet emploi.

Il savait que les deux freres, arrivés hier à Paris, sur les quatre heures du soir, par bidets de poste, avaient eu sur le Pont-Neuf une aventure à laquelle j'ai pris quelque part; que le jeune homme avait été loger rue de la Huchette, où son frère l'avait fait garder jusqu'à ce matin. Il aurait pu dire aussi que les chefs de l'entreprise étaient MM. d'Hocquincourt, Servien, Lionne, Letellier, Châteauneuf, et que M. de Croissi n'était nullement étranger lui-même à ce qu'il appelle « le projet de M. d'Hocquincourt. » Enfin il aurait pu donner la liste exacte des personnes qui conseillaient à la reine cette méchante action, et qui toutes montrent audit ecclésiastique fort peu de bon vouloir... S'il ne l'a pas fait, c'est que sans doute M. de Croissi se trompe et il faut chercher un autre coupable.

La reine regarda le ministre Lionne, dont les indiscrétions bien connues excitaient une défiance légitime, et dont la contenance embarrassée justifiait ces soupçons. Mais Croissi ne se tenait pas pour battu ; il attaqua de nouveau le coadjuteur, auquel il ne pardonnait pas d'avoir refusé de s'adjoindre à l'intrigue dont il était le chef principal, bien qu'en ce moment il en rejetât la responsabilité sur le maréchal.

—S'il en est ainsi, monsieur, dit-il d'un ton animé, si cet étrange ami de la reine, est si bien informé, comment peut-il avoir connaissance de cette entreprise, à moins qu'il n'ait suborné quelqu'un pour pénétrer les secrets de Sa Majesté?

Cette question subite parut embarrasser un peu le coadjuteur, il hésitait à répondre. Le baron, sentant l'avantage qu'il avait sur lui, tenta de l'achever d'un seul coup.

— Madame, dit-il à la reine avec fermeté, quoi qu'il doive arriver de moi, je veux encore donner à Votre Majesté une preuve de mon zèle et de mon dévouement. M. le coadjuteur avoue lui-même qu'il est instruit depuis longtemps de toute la vérité ; je dois vous dire enfin comment il apprend les projets secrets de la cour pour les révéler ou les faire avorter. Que Votre Majesté veuille bien se souvenir des paroles que je prononçais au moment où M. le coadjuteur est entré... Vous avez réchauffé le serpent dans votre sein, et cette jeune fille en qui vous aviez confiance entière...

Anne d'Autriche se tourna d'un air courroucé vers Elisabeth.

— Parlez, monsieur, expliquez-vous, dit-elle en se contenant à peine.

— Eh bien, Madame, reprit Croissi, vous n'avez pas oublié quelle est la personne qui a placé mademoiselle de Montglat auprès de Votre Majesté ?

— Mais... c'est madame la duchesse de Chevreuse.

— Madame de Chevreuse et mademoiselle de Chevreuse, sont, au su de tout

Paris, des amies de M. le coadjuteur, et comme madame de Chevreuse est la protectrice de mademoiselle de Montglat...

Croissi s'interrompit encore ; la reine frappa du pied.

— Parlez clairement, dit-elle, je le veux, je l'ordonne.

— Eh bien ! madame, mademoiselle de Monglat livrait à sa bienfaitrice, madame de Chevreuse, ceux des secrets de Votre Majesté qu'elle pouvait pénétrer, et madame de Chevreuse, à son tour, en faisait part au coadjuteur... Une conversation que j'ai surprise une fois par hasard entre votre fille d'honneur et la duchesse ne m'a pas laissé de doute à ce sujet, et la connaissance de ce mystère m'a donné sur mademoiselle de Montglat une autorité dont je comptais me servir pour le succès de notre... de l'entreprise de M. d'Hocquincourt. Maintenant Votre Majesté peut facilement s'expliquer la clairvoyance de M. de Gondi.

— Oh! l'infâme dénonciateur! s'écria Fabien dans un élan d'indignation que le respect ne put contenir.

Croissi répondit par un geste de mépris et alla se mêler tranquillement aux autres courtisans. Gondi semblait vouloir prendre la parole; mais la reine se montrait violemment agitée par cette révélation ; il n'osa donc affronter la colère qui menaçait la malheureuse Elisabeth. Celle-ci, pâle et muette, baissait la tête et restait frappée de terreur comme un agneau seul en face d'une lionne irritée.

— Approchez, mademoiselle, approchez, dit Anne d'Autriche d'une voix si tremblante qu'elle balbutiait, je ne veux pas admettre légèrement cette accusation... Dites-moi qu'on s'est trompé, dites-moi que vous que j'aimais, vous en qui je plaçais ma confiance, vous ne me trahissiez pas, vous n'alliez pas répéter à cette amie douteuse... Dis-le, dis-le, misérable femme, ajouta-t-elle, en éclatant, ou je t'écraserai comme un ver de terre !

L'excès même de cette colère sembla donner à la fille d'honneur le courage du désespoir ; elle se prosterna de nouveau devant la reine et lui dit d'un ton humble et ferme à la fois :

— Je n'aggraverai pas par un mensonge une faute dont j'éprouve un sincère repentir ; M. de Croissi n'a dit que la vérité.

Toutes les passions fougueuses que renfermait l'âme espagnole d'Anne d'Autriche firent explosion.

— Tu l'avoues ? s'écria-t-elle d'une voix tonnante ; tu conviens de ton crime devant moi ? Va-t'en, abominable créature, va-t'en, ou bien je te...

Elle leva la main, mais elle se retint aussitôt ; puis elle se rejeta dans son fauteuil, et dit en sanglottant dans son mouchoir :

— Oh ! malheureuse, malheureuse reine

que je suis ! Trahie par mes proches, par mes amis, par mes domestiques, et mes servantes !

Les assistants, les uns par crainte, les autres par respect, n'osaient ouvrir la bouche. Pendant quelques instants on n'entendit dans l'oratoire que les sanglots de la reine. La voix plaintive d'Elisabeth osa seule se mêler aux accents de cette douleur royale.

— Madame, dit-elle toujours prôsternée, mon crime est immense et je ne puis sans doute attendre aucun pardon de votre auguste clémence ; cependant permettez-moi d'expliquer sinon d'excuser la trahison dont on m'accuse devant vous. Orpheline, seule au monde, j'avais pour unique appui la noble dame qui m'a placée auprès de Votre Majesté. Je lui devais une reconnaissance sans bornes, car je n'étais rien que par elle, et je serais tombée si elle eût retiré de moi sa puissante main.

Elle était impérieuse, hautaine, en même temps que rusée, adroite, profondément versée dans l'art de chercher la vérité dans les replis les plus secrets du cœur; était-il difficile pour elle de tromper une pauvre jeune fille simple, sans expérience, incapable de comprendre, la plupart du temps, le sens des paroles ou des actions dont on lui faisait rendre compte? D'ailleurs elle me semblait devouée à Votre Majesté, et je croyais seulement lui répéter ce que vous lui disiez vous-même ! Longtemps ma protectrice abusa donc de ma candeur, malgré les vagues murmures de ma conscience que l'agitation de la vie de la cour m'empêchait d'écouter. Mes yeux s'ouvrirent cependant le jour où M. de Croissi, s'étant trouvé secrètement à portée d'entendre ma conversation avec madame de Chevreuse, me révéla quel rôle affreux on m'imposait. J'en eus honte, j'en eus peur; mais cet homme, qui vient de m'accuser, ne rougit pas de me proposer un affreux marché que je ne pouvais refuser. Il me menaça de tout dire à Votre Majesté si je ne consentais à le servir dans un projet qu'il méditait alors et auquel mon ami d'enfance devait prendre part... Que pouvais-je faire? j'eusse mieux aimé mourir que de me voir retirer votre confiance, chasser honteusement de la cour; d'ailleurs ce projet avait déjà l'assentiment de la reine... J'acceptai donc, et Dieu sait les larmes que m'a coûtées cette odieuse convention ! Voilà la vérité, Madame, et maintenant je suis prête à subir le châtiment de mon crime. La vie même m'est à charge, après tous les maux qui sont venus fondre sur moi depuis quelques heures; je ne la regretterais pas si ma mort pouvait expier ma faute aux yeux de mon auguste maîtresse.

Ce récit empreint de vérité, ces plaintes touchantes firent une certaine impression sur quelques-uns des courtisans. Le coadjuteur ne cacha pas son émotion. Fabien s'approcha de la fille d'honneur et lui dit à voix basse :

— Pauvre amie ! c'est donc là votre secret ? Le même homme nous a perdus tous deux..... Elisabeth, Elisabeth, la cour nous est bien fatale ! Que ne sommes-nous restés pauvres et obscurs à Montglat !

La reine, pendant ces explications, s'était calmée peu à peu, mais peut-être n'avait-elle pas entendu la justification naïve d'Elisabeth. Tout à coup, elle reprit avec ironie :

— Que vous semble, messieurs, d'une soirée si bien employée pour le salut de l'Etat ? En vérité, nous l'avons perdue à nous occuper des affaires galantes d'un aventurier et d'une suivante... Mais en voilà bien assez et trop sur tout ceci... Messieurs, je ne vous retiens plus ; notre entreprise est manquée, il faut y renoncer. Vous, monsieur le coadjuteur, restez, je vous prie, je désire causer avec vous.

Elle fit un geste majestueux pour congédier les assistants, sans songer qu'elle n'avait pas décidé du sort de deux pauvres jeunes gens. Tel était le caractère mobile et changeant d'Anne d'Autriche, que cet oubli, causé par un moment de trouble, pouvait sauver les coupables.

Les courtisans se taisaient ; Croissi se chargea d'exprimer leurs vœux et les siens :

— Madame, dit-il en s'inclinant, ces messieurs, avant de s'éloigner de votre gracieuse présence, attendent les ordres de

Votre Majesté au sujet de ce jeune homme, dont dépend désormais leur sûreté.

— En effet, dit la reine, dont le visage se rembrunit. Mais allez en paix, messieurs ; je vais charger M. de Croissi de veiller pour tous... Vous pouvez être certains, ajouta-t-elle d'un air de mépris, qu'il n'aura pas de faiblesses pour son téméraire écolier !

Les courtisans vinrent l'un après l'autre saluer la reine. Hocquincourt voulut faire encore une tentative pour sauver Fabien ; mais Anne lui ferma la bouche par un refus sec, et le maréchal dut s'éloigner en jetant sur le jeune Croissi un regard de regret. Alors la reine appela le baron et se mit à lui parler bas.

Pendant que les seigneurs prenaient congé, le coadjuteur s'était rapproché peu à peu d'Élisabeth et de Fabien qui se tenaient dans un angle obscur de l'oratoire; au moment où personne ne pouvait l'observer, il se pencha vers Fabien et dit rapidement :

— On veut vous envoyer à la Bastille... Sortez sans qu'on vous voie... Dans l'antichambre vous trouverez du secours.

Le jeune Croissi secoua tristement la tête, comme pour dire : A quoi bon?

— Partez, partez, répéta mademoiselle de Montglat qui venait d'entendre l'invitation pressante de Paul de Gondi.

Le coadjuteur devina la cause de l'hésitation de son protégé; il reprit avec vivacité :

— La reine aura pitié de cette pauvre enfant. Partez donc! tout ira bien.

Fabien porta la main d'Elisabeth à ses lèvres, fit un signe de reconnaissance au coadjuteur et se glissa prestement dans l'antichambre. Il y régnait maintenant une profonde obscurité, soit à dessein, soit par hasard. A peine eût-il fait quelques pas dans les ténèbres qu'il sentit une main s'emparer de la sienne :

— Etes-vous M. Fabien de Croissi? demanda-t-on bien bas.

— Oui.

— Suivez-moi donc.

On l'entraîna vers le passage secret, dont la porte se referma bientôt derrière lui.

Il était temps. La conversation à voix basse entre la reine et le baron venait de finir dans l'oratoire. Croissi ne voyant plus son frère, une expression d'étonnement se peignit sur son visage.

— Qu'est devenu, s'écria-t-il, ce malheureux qui tout à l'heure...

— Vouliez-vous donc, dit la reine sévèrement, l'arrêter en ma présence ? Ce jeune homme est dans quelque pièce voisine... Allez, et souvenez-vous que si je désire mettre mon secret à l'abri de ses indiscrétions, je prétends toutefois qu'on en use doucement avec ce prisonnier.

Le baron sortit précipitamment. La reine soupira comme il arrive au moment où l'on vient d'accomplir un pénible sacrifice ; mais en promenant son regard autour d'elle, elle aperçut mademoiselle de Montglat.

— Allons! tout n'est pas encore fini! dit-elle avec impatience ; approchez, mademoiselle.

La jeune fille obéit d'un air distrait et préoccupé.

— A partir de ce moment vous n'êtes plus à mon service, dit la reine froidement ; votre nom sera rayé de la liste des filles d'honneur, vous en avertirez vous-même madame de Motteville... Demain vous serez enfermée pour toujours aux Carmélites !

En écoutant cette terrible sentence, Elisabeth ne manifesta pas d'émotion, ne demanda pas de grâce, soit qu'après avoir souffert tous les genres de torture elle fût tombée dans l'insensibilité, soit qu'en ce moment un grand intérêt absorbât ses pensées. Cette apparente indifférence fit froncer le sourcil à l'irascible régente, qui s'attendait à quelque preuve de repentir.

— Sortez, lui dit-elle avec force, je n'ai plus besoin de vos services et de votre compagnie.

Malgré cette injonction si précise et si rigoureuse, mademoiselle de Montglat restait immobile, la tête penchée en avant, l'oreille attentive; elle semblait n'avoir pas entendu l'ordre que lui donnait la reine. Anne d'Autriche allait éclater, quand le baron de Croissi rentra, pâle et agité, dans l'oratoire, en s'écriant :

— Madame, on vous trahit... Le jeune homme a disparu, bien que M. de Gabouri assure qu'il ne l'a pas vu sortir avec les autres seigneurs.

— Serait-il possible? demanda la reine.

Un personnage vêtu de noir, qui n'était autre que Gabouri, l'introducteur mystérieux, entr'ouvrit la petite porte et confirma l'assertion d'Albert.

— Ceci tient du prodige! dit la reine d'un air rêveur. Est-il donc magicien pour s'évanouir en fumée ?

— Il est sauvé! reprit Elisabeth, dont cet événement expliquait la distraction singulière. Oh! madame, ma noble souveraine, tout le reste est juste, tout le reste est bien ; je souffrirai sans me plaindre le châtiment que vous m'avez infligé !

Elle fit une profonde révérence, et rentra dans l'intérieur du palais, sans que la reine daignât lui répondre.

Un profond silence régna dans l'oratoire après son départ.

— Gabouri, dit enfin la reine à son chevalier d'honneur, plus j'y réfléchis, plus il me semble incroyable que ce jeune drôle soit déjà sorti du palais. On ne peut faire de perquisitions en ce moment, ce serait exciter des soupçons ; mais que toutes les portes soient fermées et que personne ne puisse sortir jusqu'à demain matin... Vous entendez ?

Gabouri promit de se conformer aux volontés de la reine.

— Vous, monsieur de Croissi, continua-t-elle, vous logerez cette nuit chez Gabouri; demain on vous remettra votre prisonnier, si toutefois on le retrouve... Laissez-nous.

Au moment où le baron allait s'éloigner avec le chevalier d'honneur, la reine vit un léger sourire sur les lèvres moqueuses du coadjuteur.

— Vous riez ? lui dit-elle.

— Je ris, en effet, madame, répliqua Gondi, de songer combien ce pauvre Croissi a la main malheureuse; si je ne me trompe, voilà le second prisonnier qu'il perd aujourd'hui.

Le baron lança des regards furieux sur le persifleur.

— Croyez-le cependant, monsieur le coadjuteur, dit-il d'un ton concentré, si j'étais maître de rechercher l'auteur des trahisons dont je me plains, je ne serais peut-être pas longtemps sans le découvrir!

— Que veut dire ce modèle des frères, ce tendre ami du pauvre Fabien de Croissi? demanda Paul de Gondi d'un ton doucereux.

— Je veux dire qu'un prêtre perfide est la seule cause...

— Silence, monsieur, silence, interrompit la reine avec autorité; vous appartient-il d'élever la voix en ma présence et d'outrager un personnage éminent par ses dignités et ses mérites tel que M. le coadjuteur? Votre insolence est allée fort loin ce soir, monsieur de Croissi ; parce que j'ai daigné vous admettre une fois dans mon conseil, vous, simple gentilhomme, vous croyez-vous déjà le droit de parler si haut?.. Allez, monsieur, allez, et sachez-le bien, quand les gens comme vous ne sont plus nécessaires, on les désavoue et on les repousse avec mépris.

Croissi se retira foudroyé par cette terrible mercuriale. Lorsque la reine se trouva seule enfin avec Gondi, elle se laissa tomber dans son fauteuil, et dit avec un profond abattement :

— Ils m'ont rendu folle, monsieur le coadjuteur; j'ai besoin plus que jamais de vos conseils et de vos services!... Ils me trahissent tous !

## IV

La porte de l'impasse.

Cependant Fabien parcourait avec son libérateur inconnu les vastes dépendances du cloître Saint-Honoré. Malgré son trouble, il ressentit un désir bien naturel de connaître la personne qui prenait un si grand intérêt à son sort ; mais au premier mot qu'il voulut prononcer on le poussa rudement pour l'obliger à se taire. Réduit au silence il chercha du moins à voir les traits de son mystérieux ami ; mais cette partie du palais était plongée dans une obscurité complète et l'inconnu semblait avoir besoin d'une connaissance bien exacte des localités pour se diriger sans lumière à travers mille détours. Fabien remarqua pourtant que le guide donnait lui-même des signes d'une extrême frayeur; sa main tremblait ; sa voix, lorsqu'il avertissait tout bas Croissi de monter ou de descendre, de tourner à droite ou à gauche, était profondément altérée. Plusieurs fois il s'arrêta tout à coup, croyant entendre un bruit lointain de pas ou voir briller des flambeaux au bout d'un corridor. Enfin, après bien des transes, il introduisit Fabien dans une petite chambre assez mal meublée, encore plus mal éclairée, qui paraissait appartenir à l'un des plus modestes domestiques du palais.

Lorsqu'ils entrèrent dans cette espèce de taudis, un individu qui les attendait se leva brusquement et demanda d'un air empressé :

— Eh bien, Boniface, avez-vous réussi ? l'amenez-vous ?

— Le voici, répondit le guide d'un air piteux en se dérangeant pour laisser passer le jeune Croissi.

Fabien envisagea celui qui venait de parler et reconnut Eustache Vireton ; mais l'écolier n'avait plus cette vieille robe noire qu'il portait habituellement ; il était vêtu d'un habit court qui lui donnait un air leste et dégagé.

— Quoi : c'est vous, mon brave sorboniste? dit Fabien en lui présentant la main avec cordialité ; vous me tirez d'un danger où je n'osais espérer aucun secours humain !

— *Non nobis, Domine, non nobis da gloriam*, répliqua l'écolier en serrant affectueusement la main qu'on lui tendait ; vous avez des amis plus puissants que moi, monsieur de Croissi... Vous le voyez cependant, je ne vous trompais pas en vous assurant que j'avais moi-même des protections à la cour et que mon crédit pourrait vous être utile !

Il désignait en souriant son compagnon, que Fabien put enfin examiner à la lueur d'une lampe. C'était un garçon maigre, sec, revêtu du costume caractéristique des marmitons. Une grande frayeur semblait rendre ses traits plus pâles, ses yeux plus hébétés qu'à l'ordinaire. Fabien se souvint aussitôt de ce cousin dont Vireton parlait avec tant d'éloges, et qui s'était chargé, le matin, d'une lettre pour mademoiselle de Montglat. Il allait adresser aussi des remercîments à ce modeste fonctionnaire, quand celui-ci, très inquiet de la responsabilité qui pesait sur lui, murmura d'un ton piteux :

— Au nom de tous les saints, messieurs, dépêchons-nous !... On va s'apercevoir de la disparition de ce jeune seigneur et se mettre à sa poursuite. Jésus, mon Dieu ! qu'arriverait-il si l'on venait à nous surprendre avant que nous ayons atteint la porte de l'impasse? On nous ferait mourir à la Bastille.

— Allons, allons, Boniface, ne tremblez pas ainsi, reprit Eustache d'un ton railleur; je suis sorti souvent du cloître bien plus tard qu'aujourd'hui, quand je venais vous aider à boire quelques pots de vieux vin dérobés au sommelier .. Ne m'avez-vous pas dit que personne dans le palais n'avait connaissance de la porte de l'impasse, excepté les officiers de bouche, vos camarades; qu'il n'y avait pas de gardes de ce côté, ce qui vous permettait d'introduire par fois dans vos chambrettes... Hum !

vous m'en feriez dire trop long, cousin, sur l'austérité des mœurs de messieurs les officiers de bouche !

— Il s'agit bien de cela ! reprit le pauvre Boniface, vous oubliez, cousin, que pour arriver à la porte du cloître, nous avons à traverser un quartier où l'on rencontre à toute heure des gens du palais ; que deviendrions-nous, grand Dieu! si nous étions aperçus ?... Je serais destitué, emprisonné, pendu, peut-être ! Quand il a fallu dire quelques mots d'encouragement à ce gentilhomme dans l'antichambre de l'oratoire, je n'ai pas hésité; c'était une bagatelle, puisque M. de Gabouri ne connaît pas les issues secrètes de cette partie du palais. Mais à présent...

— Allons, paix, cousin; vous savez ce qu'on vous a promis?... On n'a rien sans peine, *labor omnia vincit;* ce qui veut dire : Montrez-nous le chemin et quittons bien vite cet endroit malsain pour nous.

Le trembleur ouvrit la porte avec empressement et les deux jeunes gens le suivirent.

— Où me conduisez-vous ? demanda Fabien à Eustache, qui s'était emparé de son bras.

— Dans la rue, d'abord, murmura l'écolier, c'est le plus pressé... A peu de distance du palais, nous trouverons un carrosse pour vous transporter chez quelqu'un où vous serez à l'abri de toute atteinte.

— Mais...

— Silence ! Nous causerons quand nous serons hors de danger.

Ils se mirent en marche, précédés par Boniface, qui s'avançait avec toutes sortes de précautions ; bientôt ils se retrouvèrent dans une profonde obscurité. Cependant il parut à Fabien qu'on prenait une direction différente de la première ; au lieu de s'éloigner des bâtiments du Palais-Royal, avec lesquels ceux du Cloître étaient contigus, on s'en rapprochait davantage. Cette supposition devint une certitude quand les fugitifs atteignirent une partie de l'édifice où plusieurs lampes étaient disséminées çà et là ; un murmure particulier se faisait entendre de différents côtés et donnait à penser que cette partie était plus fréquentée que l'autre. Néanmoins on n'apercevait ni rondes, ni sentinelles, soit qu'on n'eût pas jugé nécessaire de prendre ces précautions dans un quartier si solitaire, soit plutôt que la reine eût ordonné d'éloigner du voisinage de l'oratoire les indiscrets qui pouvaient gêner ses nocturnes conférences.

Boniface se retourna vers ses compagnons et leur fit un signe silencieux pour les avertir que le moment critique était arrivé. Il s'agissait de traverser une vieille galerie antérieure à la fondation du Palais-Cardinal. Un réverbère, qui se balançait à la voûte, l'éclairait faiblement dans toute sa longueur.

— Attention, reprit Eustache ; cette

galerie se trouve sur le chemin de la reine pour aller de l'oratoire aux appartements et...

— Nous sommes perdus ! dit Boniface en s'arrêtant tout à coup, voici quelqu'un !

En effet, un pas lent quoique léger se faisait entendre à l'extrémité du corridor ; au même instant une femme, dont l'obscurité ne permettait pas de distinguer les traits, glissa comme une ombre le long de la muraille et s'avança vers les fugitifs.

Sans prononcer un mot, Boniface entraîna les deux autres dans une embrasure de fenêtre assez profonde pour les cacher tous. Cette précaution avait été prise rapidement et en silence ; cependant la personne inconnue devait être bien distraite pour que ce mouvement subit n'eût pas attiré son attention. Elle marchait en chancelant, et laissait par intervalles échapper des sanglots et des soupirs. Les trois aventuriers restaient dans une parfaite immobilité, osant à peine respirer.

Enfin la femme se trouva si près d'eux que le moindre mouvement pouvait les trahir. Eustache et son cousin étaient comme changés en blocs de marbre ; on eût dit que le sang ne circulait plus dans leurs veines. Jugez donc de leur effroi quand Fabien fit un pas en avant et dit à voix basse :

— Elisabeth! Elisabeth!

Mademoiselle de Montglat, car c'était elle, tressaillit et ouvrit la bouche pour crier...

— C'est moi, Fabien, reprit vivement Croissi Ne vous effrayez pas... le moindre cri peut nous perdre.

Elisabeth, en le reconnaissant, montra la plus profonde consternation.

— Vous, mon Dieu! vous encore ici? murmura-t-elle. Fabien, qu'attendez-vous? Pourquoi n'avez-vous pas quitté le palais?

— Mon amie, reprit le jeune homme avec chaleur, je bénis Dieu qui nous rapproche encore un instant... J'éprouvais de mortelles angoisses en m'éloignant ainsi, sans connaître votre sort. De grâce, tirez-moi d'inquiétude ; dites-moi que vous êtes hors de danger, que la reine vous a pardonné... et je partirai sans crainte sinon sans regret.

— Imprudent! fit mademoiselle de Monglat, vous laissez passer un temps précieux...

Ses yeux se fixèrent sur les deux compagnons de Fabien, qui se tenaient dans l'ombre. Le jeune Croissi devina la cause de sa préoccupation.

— Ce sont des amis, des libérateurs, dit-il rapidement; ne vous inquiétez pas de leur présence... Mais, je vous en supplie, Elisabeth, apprenez-moi ce qui s'est passé dans l'oratoire de la reine après mon départ.

— S'il me fallait aussi pleurer sur vous, Fabien, répliqua mademoiselle de Montglat, mon malheur serait sans consolation et j'en mourrais.

— Cette reine a donc été impitoyable?

— Chassée de la cour!... enfermée aux Carmélites pour le reste de mes jours! voilà mon sort, dit Élisabeth d'une voix entrecoupée.

Fabien pressa contre ses lèvres la main d'Elisabeth, et l'arrosait de ses larmes. Pendant quelques secondes, ils confondirent leur douleur.

Cependant le guide s'impatientait, car chaque minute augmentait le danger; il en avertit à voix basse son cousin qui, reconnaissant mademoiselle de Montglat, n'hésita pas à troubler cette touchante entrevue.

— Mademoiselle, dit-il d'un ton suppliant, si le bonheur de M. de Croissi vous est cher, ne le retenez pas.

— Oui, oui, partez, Fabien, dit la fille d'honneur en retirant sa main ; peut-être plus tard le destin nous sera-t-il moins contraire à l'un et à l'autre, et alors... Mais adieu, adieu !

Elle voulut s'éloigner, Fabien ne bougea pas.

— Elisabeth, dit-il avec fermeté, maintenant que je sais votre malheur, qu'importe ce que l'on fera de moi ! Que m'importe la vie, que m'importe la liberté, si nous devons vivre à jamais séparés l'un de l'autre? Je ne veux pas compromettre plus longtemps ces braves gens qui se sont dévoués à me servir... Je vais chercher un officier du palais à qui je puisse me rendre; je suis las de lutter contre une invincible fatalité !

L'écolier et Boniface étaient stupéfaits. Elisabeth devint plus pâle encore qu'auparavant.

— Fabien, dit-elle, vous n'avez pu concevoir sérieusement une pareille pensée ! Renoncez-y, je vous en conjure.

— Je reste, dit Fabien, à moins...

Ses yeux s'arrêtèrent sur mademoiselle de Montglat avec une expression étrange.

— Elisabeth, reprit-il avec force, le moment des scrupules et des petites convenances est passé.... je quitterai le palais, mais à la condition que vous m'accompagnerez.

—Fabien, répliqua la jeune fille en détournant la tête, qu'osez-vous me proposer?

—Ecoutez-moi, chère Elisabeth. Tous les deux nous sommes orphelins, condamnés à une condition misérable ; tous les deux nous avons été le jouet d'ambitions égoïstes, qui nous enveloppaient comme d'un réseau. Elisabeth, résistons enfin à cette influence ennemie qui s'est appesantie sur nous ; nous sommes libres de nos affections, nous pouvons trouver l'un par l'autre de grandes douceurs à l'existence. Amie, souvenez-vous des beaux jours de

Montglat; dès cette époque je vous engageai ma foi, je reçus la vôtre.... Aujourd'hui les obstacles qui s'élevaient entre nous sont aplanis; la persécution elle-même s'est chargée de nous réunir. Consentez à me suivre, Elisabeth ; dans quelques jours, les liens qui nous unissent déjà seront consacrés par la religion et deviendront indissolubles. Elisabeth, Elisabeth, ne me refusez pas, venez... Le protecteur inconnu qui veille sur moi doit être un homme généreux ; il ne vous refusera pas un asile qu'il m'accorde à moi sans que je l'aie demandé ; venez, Elisabeth, je vous en supplie, au nom de votre aïeule, qui voyait en souriant notre amour! ne repoussez pas la prière de votre ami, de votre frère... de votre époux!

Une lutte violente s'était élevée dans l'âme d'Elisabeth; sa poitrine était oppressée, un tremblement nerveux agitait ses membres. Enfin elle laissa tomber sa main dans celle de Croissi, et murmura d'un ton si bas qu'on pouvait à peine l'entendre :

—Allons, Fabien, et que Dieu me pardonne!

Le jeune homme se voyait au comble du bonheur; mais le danger de la situation l'empêchait de se livrer aux transports de sa joie. Il se retourna vers ses deux compagnons et leur dit d'une voix étouffée :

—Marchons! mes amis... Oh! je ne voudrais pas maintenant tomber entre leurs mains !

— Monsieur de Croissi, demanda Vireton avec embarras, est-ce que cette dame...

— Elle est persécutée comme moi, répondit Fabien ; lui refuserez-vous votre secours ?

— Cependant...

— Aimez-vous mieux que je reste ?

— Non ; mais si vous saviez...

— On vient, dit Fabien avec vivacité.

En même temps il entraîna rapidement Elisabeth vers l'extrémité de la galerie ; les deux cousins les suivirent en silence ; Boniface surtout ne comprenait pas où pouvait aller ainsi cette fille d'honneur, encore revêtue de sa grande robe de cour et parée comme pour une fête royale. Quant à Vireton, il semblait assailli de scrupules d'un autre genre que les circonstances ne lui permettaient pas d'exprimer.

A peine eurent-ils quitté la galerie et gagné l'escalier qui conduisait à l'étage inférieur, qu'un bruit assez rapproché les força de s'arrêter de nouveau. C'était la reine qui retournait à ses appartements; un seul domestique portait un flambeau devant elle.

Elle traversa lentement le corridor; les fugitifs, cachés dans l'ombre, purent la voir passer à quelque distance, pâle, abattue, écrasée sous le poids des méditations qui remplissaient ses jours et ses nuits. Son visage n'avait plus cette animation factice qu'elle montrait en public ; son œil paraissait fixe et hagard, ses bras étaient pendants ; toute sa personne trahissait l'accablement, la lassitude et la souffrance. Fabien et Élisabeth, qu'elle venait de condamner, l'un à la prison d'état, l'autre à la réclusion dans un couvent de l'ordre le plus sévère, ne purent s'empêcher de ressentir pour elle de la pitié.

— Pauvre reine ! murmura la fille d'honneur en soupirant, elle est encore plus à plaindre que nous !

Quand la lumière du flambeau se fut effacée au détour du corridor, les fugitifs reprirent leur promenade à travers un dédale inextricable d'escaliers et de passages où régnait le calme le plus profond. A mesure qu'ils avançaient, le peureux Boniface semblait reprendre courage et devenir plus léger. Cette partie du cloître était comme abandonnée ; Élisabeth elle-même, qui, par la nature de ses fonctions, avait dû souvent parcourir le palais et ses dépendances, ne se souvenait pas d'être jamais venue en cet endroit.

Enfin le guide les introduisit dans une salle basse, encombrée de vieux meubles ; cette salle avait une seule fenêtre grillée, à travers laquelle la lune jetait une pâle lueur. On n'y voyait d'autre issue que la porte d'entrée ; on put donc croire un moment que Boniface s'était égaré dans l'obscurité. Mais le glorieux marmiton repoussa ce doute d'un air superbe :

— Ah çà! il est bien convenu, dit-il, que personne de vous ne révélera comment vous serez sortis d'ici... on me l'a promis! Si jamais ces messieurs de l'office apprenaient que j'ai trahi leur secret, ils me forceraient à tirer l'épée, ce dont je ne me soucie pas.

— Allez, allez, cousin Boniface, répondit Eustache, personne ici ne songe à vous trahir ; vous ne dégaînerez pas votre rapière pour cette fois... Mais, franchement, ces murs me pèsent sur les épaules... Dépêchez-vous donc, je vous prie ; aussi bien ce gentilhomme et cette jeune dame ne vous savent pas gré de vos lenteurs !

Sans répondre, Boniface s'approchant de la fenêtre, enleva facilement les barreaux de fer ; ils étaient descellés depuis longtemps, mais de telle sorte que l'œil indifférent d'un inspecteur du palais ne pouvait s'en apercevoir. Cette fenêtre se trouvait de plain-pied avec une petite cour négligée et remplie de ruines. Boniface, pour donner l'exemple, sauta dehors le premier. Fabien aida sa compagne à franchir cet obstacle ; pendant ce temps Eustache disait d'un air de satisfaction :

— Eh bien ! monsieur, que pensez-vous de mes amis ? Certainement on ne trouverait pas à la cour un grand seigneur ayant assez de crédit pour vous faire sortir du palais à cette heure de la nuit ; eh ! eh ! la protection des petits est souvent plus efficace que celle des grands ; vous en avez eu plus d'une preuve aujourd'hui !

La troupe se trouvait enfin réunie dans la cour, et chacun put aspirer avec bonheur l'air pur et frais de la nuit. Cependant on n'était pas hors de l'enceinte du cloître ; des bâtiments délabrés entouraient ce terrain vague. Une porte était bien pratiquée dans la muraille, mais cette porte semblait condamnée depuis longtemps ; un monceau de grosses pierres en défendait l'approche. Boniface se mit à l'ouvrage ; aidé par Vireton, il eût bientôt déblayé le terrain. Puis, tirant de sa poche une grosse clef, il ouvrit sans difficulté la porte extérieure et avertit les fugitifs qu'ils pouvaient sortir sans crainte. Fabien et Élisabeth se hâtèrent de déférer à cette invitation ; Eustache, après avoir échangé quelques mots à voix basse avec son cousin, les rejoignit en courant. Aussitôt les lourds battants se refermèrent et l'on entendit Boniface replacer les pierres une à une pour qu'on ne pût pas supposer qu'ils avaient été ouverts ; le digne marmiton semblait avoir fort à cœur de mettre en sûreté le secret de messieurs les officiers de bouche !

Fabien eût désiré remercier chaleureusement l'humble fonctionnaire qui venait de le tirer d'un si grand danger ; mais il n'en eut pas le temps. On se trouvait dans une impasse étroite, fangeuse, dont la porte abandonnée occupait le fond et qui débouchait dans la rue Saint-Honoré. La nuit était sombre: un lugubre silence régnait dans tout le voisinage; Élisabeth pressa le bras de son cavalier et demanda timidement :

— Fabien, où me conduisez-vous?

En ce moment, le sorbonnien, qui marchait en avant pour explorer le voisinage, se rapprocha d'eux, après s'être assuré que la rue Saint-Honoré, où quelques lanternes jetaient une clarté douteuse, était entièrement déserte.

— Monsieur de Croissi, dit-il avec embarras, à deux pas d'ici se trouve un carrosse qui doit vous transporter dans un lieu où vous serez parfaitement en sûreté ; mais vous savez déjà que mes instructions n'avaient pas prévu le cas...

Il s'interrompit et regarda mademoiselle de Montglat.

— Le cas où je serais accompagné d'une personne dont la sûreté m'est plus chère que la mienne ? ajouta Fabien. Si vous ne pouvez désormais nous être utile à tous deux, monsieur, parlez sans crainte ; je chercherai quelque asile pour cette jeune dame et pour moi ; je n'en serai pas moins reconnaissant du service qu'on m'a rendu. Apprenez-moi seulement le nom de mon généreux protecteur.

— L'ignorez-vous réellement ? demanda Vireton ; c'est le coadjuteur ; il a concerté ce matin et m'a fait exécuter ce plan d'évasion. Je suis chargé de vous conduire maintenant au Petit-Archevêché, chez votre illlustre protecteur.

— Est-ce possible? voilà deux fois que ce noble personnage me sauve d'un grand danger, et j'ignore encore ce qui me vaut un si vif intérêt de sa part... Mais comment a-t-il pu savoir que ce soir je devais me trouver au Palais-Royal et que j'exciterais peut-être la colère de la... d'une personne puissante ?

— Vous le lui demanderez à lui-même, reprit l'écolier ; il est parfaitement informé de toutes vos démarches, et sans doute il a des motifs.... Mais, continua-t-il en s'interrompant, le moment et le lieu ne sont

pas bien choisis pour les explications.
Dieu m'en est témoin, je voudrais vous
rendre service, ainsi qu'à cette pauvre
jeune dame, mais je crains d'outrepasser
mes ordres... Cependant il est urgent de
trouver un logis pour elle.

— Vous voyez, Fabien, dit Élisabeth en
soupirant, quels embarras je vous cause
déjà ; il valait mieux laisser mon sort s'accomplir !... Mais vous, monsieur, ajouta-t-elle en s'adressant à Vireton, ne connaîtriez-vous pas à Paris quelque honorable famille qui pourrait me donner un
refuge pour cette nuit, et...

— Élisabeth, interrompit Fabien avec
fermeté, je ne consentirai jamais à me séparer de vous... D'ailleurs, pourquoi,

dans l'affreuse perplexité où nous nous trouvons, ne nous adresserions-nous pas au prélat bienveillant qui nous a déjà secourus?.. Monsieur Eustache, conduisez-nous auprès de M. le coadjuteur, et nous implorerons nous-mêmes sa pitié.

Eustache réfléchit quelques instants.

— Ma foi! dit-il enfin, nous essaierons ; M. le coadjuteur est homme de ressource dans les cas difficiles. Aussi bien, le mal est fait, cette dame vous a suivi, quoique peut-être j'eusse dû l'empêcher de sortir du palais avec nous... Marchons donc; monseigneur s'en tirera comme il pourra ; espérons qu'il s'en tirera bien !

On descendit d'abord la rue Saint-Honoré, puis Eustache tourna brusquement à gauche et prit la rue Croix-des-Petits-Champs, où se trouvait l'entrée principale du cloître. Dans un enfoncement de la rue stationnait un carrosse sans armoiries attelé de deux chevaux; le cocher dormait sur son siége; tout, autour de lui, était immobile et silencieux.

Cependant, lorsque le sorbonnien s'avança pour éveiller le cocher, cette solitude se peupla tout à coup; cinq ou six individus enveloppés de manteaux, muets comme des ombres, sortirent de dessous les portes cochères, qui leur servaient d'abri. Élisabeth eut peine à retenir un cri de frayeur et se serra contre Fabien; mais son inquiétude ne fut pas de longue durée à l'égard de ces sinistres fantômes.

Eustache leur adressa quelques mots à voix basse; ils disparurent aussitôt comme par enchantement. Pendant cette courte conférence, le cocher, descendu de son siège, avait baissé la portière du carrosse. Délivré de ses sombres compagnons, Eustache engagea les jeunes gens à prendre place dans le coche; lui-même s'assit à côté d'eux, et l'on partit avec toute la rapidité dont étaient susceptibles les pesants véhicules de cette époque.

Cette mystérieuse apparition laissait à Fabien et à mademoiselle de Monglat une vague défiance; Eustache Vireton s'en aperçut.

— Je devine, reprit-il d'un ton malin, ce qui trouble en ce moment M. de Croissi et cette aimable demoiselle? Vous êtes surpris, n'est-ce pas, d'avoir vu ces mauvais compagnons sortir ainsi de dessous terre? Eh bien! monsieur, je n'ai maintenant aucune raison de vous faire un secret de cette circonstance; je vous dirai tout bonnement la vérité. Il paraît, mon gentilhomme, qu'on voulait vous engager dans une entreprise à laquelle M. le coadjuteur est opposé; il soupçonnait que vous refuseriez de vous charger du rôle qu'on vous y destinait, et pour vous soustraire aux suites de ce refus, il avait arrangé le petit plan d'évasion dont vous voyez le succès, grâce à mon digne cousin. Mais au contraire, si loin de refuser, vous eussiez accepté la mission en question, j'avais ordre de m'emparer de votre personne lorsque vous sortiriez tranquillement du cloître avec votre frère ; et les grands drôles que vous avez vus tout à l'heure n'auraient trouvé, j'imagine, aucune difficulté sérieuse à cette affaire.

Fabien resta pensif un moment.

— Je suis en butte à des passions, à des intérêts que je ne comprends pas, dit-il enfin avec tristesse ; et dans le chaos où je m'agite, j'ai peine à distinguer mes amis et mes ennemis... Mais vous, monsieur, ajouta-t-il en s'adressant à Vireton, qui donc êtes-vous ? Quel motif avez-vous de braver ainsi des dangers réels pour moi qui vous suis inconnu ? Je ne puis croire maintenant, comme vous me l'aviez persuadé hier, que vous soyez un simple écolier de Sorbonne, trop pauvre pour continuer ses études théologiques ?

— Et cependant, *numquam magis amica veritas,* dit l'écolier, qui s'empressait d'appeler le latin à son secours quand il était dans l'embarras ; je vous ai dit l'exacte vérité ; mais, que voulez-vous ! je me suis trouvé par hasard sous la main d'un homme qui se sert des autres comme d'instruments pour la réussite de ses projets. Le jour de l'événement du Pont-Neuf, monseigneur m'avait chargé de veiller sur vous et de lui donner des nouvelles de votre santé. Aujourd'hui donc, après avoir échappé, non sans peine, aux estafiers de votre frère, je suis allé chez le coadjuteur, que je savais d'avance plein de bonnes dispositions à votre égard. L'espèce de captivité qu'on vous faisait subir, ma visite au Palais-Royal, le danger que j'avais couru de coucher en prison, joints à ce qu'il avait sans doute appris d'autre part, ont paru l'intéresser au plus haut point. Pendant que j'étais encore près de lui, est arrivé une lettre en chiffres ; elle annonçait que vous deviez vous trouver ce soir au Palais-Royal, du moins je le suppose, car sur-le champ monseigneur s'est mis à me questionner sur mon cousin Boniface, sur la possibilité de pénétrer dans le cloître et d'en sortir à volonté..... Vous savez le reste, et si dans le trouble où vous êtes, monsieur, vous vous trouvez embarrassé pour reconnaître vos amis, je pense toutefois que vous ne me compterez pas au nombre de vos ennemis.

Ces explications, bien vagues cependant, commençaient à mettre Fabien sur la voie de la vérité. Evidemment le coadjuteur, voulant sauver à tout prix le prince de Condé, n'avait pas trouvé de moyen plus sûr que de circonvenir la personne chargée du crime et de la faire, en quelque sorte, garder à vue. De là, l'obsession singulière dont Fabien avait été l'objet depuis son arrivée à Paris, et même avant son arrivée, chez le maître de poste Pichard. Sans doute aussi quelque pitié pour le malheur d'un jeune homme innocent, enlacé dans ces sombres intrigues, avait stimulé le zèle de Gondi ; telle était donc la cause probable de ces avertissements bienveillants, de ces secours efficaces donnés à Fabien à l'encontre de son frère. Néanmoins, Fabien allait interroger Eustache sur certaines circonstances encore obscures, lorsque le bruit sourd que produisait le carrosse en passant sous une voûte l'avertit qu'ils étaient arrivés au terme de leur course.

V

Le Cloître Notre-Dame.

Le cloître Notre-Dame était alors, comme de nos jours, un assemblage de bâtiments irréguliers, disposés autour de plusieurs cours et destinés primitivement à loger les chanoines et le clergé de l'église métropolitaine. Le corps de logis principal formait ce qu'on appelait le *petit archevêché*; il était affecté spécialement à l'usage des coadjuteurs des archevêques de Paris. En temps ordinaire, rien de calme et de silencieux comme cette vaste enceinte, fréquentée seulement par de pacifiques dignitaires ecclésiastiques; mais, à l'époque dont nous parlons, on eut dit plutôt d'une place forte que de la demeure d'un prélat. Elle était occupée par une partie de ces gentilshommes et de ces laquais dont se composait le train formidable de Paul de Gondi quand il se rendait au parlement chaque matin. Des gardes veillaient à l'entrée, la hallebarde sur l'épaule; des sentinelles étaient posées, la nuit, autour des murailles. On avait pris les plus grandes précautions afin de mettre le cloître à l'abri d'un coup de main ; il eût fallu pour s'en emparer de force établir un siège régulier. De plus, en temps d'émeute, le coadjuteur faisait garnir de grenades les tours de Notre-Dame, voisines du cloître, et, au besoin, la vieille église eût servi de citadelle au chef audacieux de la Fronde.

Malgré la difficulté de pénétrer dans cette enceinte si bien gardée, le carrosse n'éprouva pas de retard, dès que le cocher eut dit un mot au gentilhomme qui vint reconnaître les arrivants. Eustache demanda si le coadjuteur était rentré.

— Depuis quelques instants seulement, dit le gentilhomme d'un ton bourru, et ce n'est pas ma faute s'il s'expose ainsi chaque nuit sans escorte à courir les aventures... Enfin, il est le maître ! Quant à vous, monsieur l'écolier, il vous attend avec la personne que vous savez, dans le cabinet des livres.. Bonsoir.

En même temps il rentra dans une espèce de pavillon qui servait de corps de garde. Le carrosse roula pesamment à travers une cour sombre et vint s'arrêter devant un perron de pierres. Les voyageurs descendirent guidés par Vireton, à qui les êtres de la maison semblaient parfaitement connus. Ils arrivèrent à la grande antichambre ; un seul laquais dormait profondément sur une banquette.

—Attendez ici, dit l'écolier à voix basse,

je vais prévenir monseigneur, car la présence inattendue de cette jeune dame pourrait l'indisposer... Je parlerai pour vous.

— Nous n'avons plus d'espoir que dans sa protection puissante! murmura la jeune fille.

Eustache sourit d'une manière encourageante et pénétra dans la pièce voisine, sans prendre le temps d'éveiller le valet pour se faire annoncer.

Le coadjuteur était seul dans son cabinet de travail. Assis devant une table encombrée de lettres et de papiers, il rédigeait, à la lueur de deux grands candélabres d'argent chargés de bougies, les notes qui devaient lui servir plus tard à composer ses mémoires, et qu'il avait grand soin de mettre en ordre chaque soir. Pendant la journée précédente et une partie de la nuit, il avait donné carrière à son activité dévorante; néanmoins son extérieur ne trahissait aucun abattement, aucune fatigue. A la vue d'Eustache, il montra cette gaîté franche et expansive, signe d'une parfaite tranquillité d'esprit.

— Ah! te voilà, mon digne lieutenant? dit-il en rejetant sa plume sur la table et en se renversant dans son fauteuil. Eh bien! nous avons réussi complètement... Ah! ah! ah! je ris encore de la mine de ce pauvre Croissi, lorsqu'il s'est vu souffler son prisonnier jusque dans le Palais-Royal et sous les yeux de la reine ! Le coup est beau, plein de hardiesse, ma foi ! et la gloire doit t'en revenir, mon brave écolier ! Tu me parais avoir de rares dispositions pour l'intrigue !

— Ainsi donc, monseigneur est satisfait de mes petits services ? demanda Vireton en se frottant les mains. Cependant monseigneur est bien aussi pour quelque chose dans le succès de cette affaire... *Discite justitiam moniti.*

— Tu veux me flatter, dit le coadjuteur avec une modestie affectée. Le plan est de toi, tu l'as exécuté presque seul... Mais à propos, où donc est notre homme ? Ne l'as-tu pas amené ?

— Monseigneur, il est là dans l'antichambre, mais...

— Pourquoi donc n'entre-t-il pas?

— C'est que, monseigneur, le coup est encore plus beau que vous ne pensiez : il est double... Au lieu d'un prisonnier, j'en ai délivré deux.

— Par Notre-Dame! que me chantes-tu là?

— La vérité, monseigneur; au moment où nous allions sortir du palais, une charmante fille, désespérée et toute en larmes, est venue se jeter dans les bras de notre gentilhomme. Elle nous a suivis presque malgré moi.

Des rides profondes se creusèrent sur le front du coadjuteur.

— Voilà du nouveau! dit-il, et cette jeune fille la connais-tu?

— Eh! qui pourrait-ce être, monseigneur, sinon mademoiselle de Montglat, une des filles d'honneur de la reine?

— A quoi, diable, pensiez-vous, monsieur Eustache Vireton? s'écria le coadjuteur avec colère; et vous m'avez amené la donzelle ici, dans le cloître Notre-Dame?

— Monseigneur, reprit timidement le sorbonnien, elle n'a pas voulu quitter M. de Croissi, et j'ai supposé qu'avec votre bonté si connue...

— La peste soit du maroufle et de ses suppositions! s'écria Gondi qui se promena dans le cabinet avec agitation; vous avez bien travaillé, maître Eustache, et vous m'avez mis dans un bel embarras! Escamoter le jeune gentilhomme à son butor de frère, c'était une espiéglerie; un jour que la reine aurait été en belle humeur, j'aurais pu lui conter en riant l'aventure. Mais enlever effrontément une fille d'honneur qui l'a gravement offensée, ceci passe la plaisanterie! La reine sera furieuse. Et si jamais elle me soupçonnait d'avoir joué ce méchant tour, juste au moment où elle vient de me faire cardinal...

— Cardinal! répéta Vireton en ouvrant de grands yeux.

— Oui, cardinal, continua le coadjuteur; ce soir, après la conférence secrète, elle m'a remis ma nomination en bonne forme. Juge si le temps est bien choisi pour m'empêtrer d'une affaire qui peut m'enlever son affection! D'ailleurs, où veux-tu que je cache cette demoiselle dans une maison remplie de gens de guerre? On ne tarderait pas à la découvrir, et si l'histoire venait aux oreilles de la reine ou de certaines autres dames...

Il se mordit les lèvres.

— Allons! reprit-il, n'y songeons plus... renvoie ces importuns. Qu'on les jette dans un carrosse et qu'on les conduise autre part. J'aurais gardé le garçon, mais il est probable qu'il ne consentirait pas à se séparer de sa belle... Eh bien! qu'ils partent! je ne les verrai pas.

— Mais, monseigneur, de grâce, où voulez-vous qu'ils aillent à cette heure? Ils sont étrangers à Paris et ils ne sauraient trouver de gîte pour cette nuit... D'ailleurs, si vous les abandonnez, ils seront bientôt découverts, et vous savez quel sort cruel leur est réservé.

— Que m'importe! j'ai déjà trop fait pour ce petit bonhomme; ce n'est pas ma faute s'il se laisse toujours entraîner dans de mauvais pas; qu'il s'arrange. Après tout, je n'ai pas le moindre intérêt qu'il aille en prison ou qu'il n'y aille pas, moi; je voulais faire manquer l'entreprise contre M. de Condé; elle a manqué, le reste ne me regarde plus... Quant à cette jeune fille, j'ai pris pitié d'elle un moment en la voyant pleurnicher devant la reine;

je comptais même, à la première occasion, essayer d'obtenir son pardon; mais ce n'est pas une raison, vrai Dieu! pour que je me brouille avec Sa Majesté! Qu'elle aille aux Carmélites, ou non, ce n'est pas mon affaire.

— Monseigneur...

— Va-t'en au diable!

— Monseigneur... au nom des bonnes mœurs...

— Hein! que dis-tu? fit le coadjuteur en se retournant.

On sait quelle horreur Paul de Gondi, malgré ses mœurs dissolues, avait pour le scandale; sans doute maître Eustache connaissait cette circonstance.

— Je dis, monseigneur, reprit-il avec

un accent hypocrite, que c'est un devoir de charité chrétienne de ne pas abandonner ainsi ces deux pauvres jeunes gens. Si personne ne les surveille et n'exerce sur eux une autorité paternelle, ils peuvent devenir un sujet de scandale pour leur prochain.

— C'est vrai, dit Paul de Gondi d'un air pensif; mais comment remédier à cela? Je ne dois pas me créer de nouvelles difficultés en ce moment, je ne le veux pas.

— Eh bien! monseigneur, consentez du moins à les voir un instant.

— Pourquoi faire?

— Mais... pour leur faire un sermon sur le scandale!

Le coadjuteur se mit à rire.

— Tu es un vrai démon! dit-il en se rasseyant; amène-les donc... Nous verrons ensemble quel est le meilleur parti que nous puissions prendre.

Vireton courut à l'antichambre et revint un instant après avec ses protégés.

Ils entrèrent à pas lents et adressèrent au prélat un salut silencieux. Élisabeth s'appuyait péniblement sur le bras de Fabien ; les émotions de la journée avaient répandu sur son visage la plus touchante mélancolie ; elle ne pleurait plus, mais l'expression morne de ses regards inspirait plus de compassion que des larmes. Ses mouvements étaient languissants, et ses brillants atours semblaient l'écraser de leur poids. La douleur de Fabien présentait un caractère plus mâle. Sa contenance demeurait ferme ; on devinait qu'il ne craignait rien pour lui-même ; mais ses yeux suivaient attentivement chaque mouvement de sa jeune compagne ; c'était pour elle qu'il souffrait, c'était pour elle qu'il pouvait s'abaisser aux prières.

Quand ils parurent ainsi soutenus l'un par l'autre, le coadjuteur, malgré son parti pris, ne put se défendre d'une certaine émotion ; il n'ignorait pas ce qu'il y avait de fatalité dans le malheur de ces deux jeunes gens nobles et beaux, que l'intrigue et l'ambition avaient ravis à la solitude pour les briser et les flétrir. Il offrit sa main à la jeune fille avec une exquise politesse.

— Asseyez-vous, mon enfant, dit-il doucement, asseyez-vous et reprenez courage... Dieu, qui tient dans sa main le cœur des rois, ne vous abandonnera pas si vous avez confiance en lui.

Ces consolations religieuses peuvent paraître étranges dans la bouche de Paul de Gondi ; cependant elles n'étaient l'effet ni de la distraction ni de l'hypocrisie. Au milieu des plaisirs et des galanteries, le coadjuteur conservait pour la religion un respect sincère ; il en donna la preuve plus tard, lorsque, sa carrière politique étant finie, il devint un modèle de ferveur et de charité chrétiennes.

Fabien, à qui cette bienveillance donnait quelque hardiesse, dit avec l'accent d'une profonde reconnaissance :

— La mesure de vos bontés est comble pour moi, monseigneur ; hier vous m'avez sauvé la vie en m'arrachant des mains d'une populace furieuse ; aujourd'hui vous m'avez soustrait à la colère terrible d'une souveraine... Cependant j'ose encore implorer votre puissant secours pour cette infortunée demoiselle. Comme moi, elle est en butte à des inimitiés redoutables, et elle a moins d'énergie pour en supporter le poids...

— Non, non, ne le croyez pas, monseigneur, s'écria mademoiselle de Montglat en joignant les mains, si votre générosité doit s'exercer sur l'un de nous, que ce soit sur ce pauvre Fabien qui résiste si noblement à tant de personnes puissantes pour ne pas se souiller d'un crime. Lui seul, monseigneur, a droit à vos bienfaits et non pas moi, qui dois porter la peine de mon ingratitude envers ma royale maîtresse !

Le coadjuteur baissa la tête d'un air de réflexion.

— Mes chers enfants, reprit-il avec chagrin, je désirerais bien vivement vous être utile à tous deux, car votre affliction me touche, et vous êtes d'innocentes victimes de cette implacable politique humaine à laquelle je donne chaque jour peut-être une trop large part de mes pensées... Malheureusement, je suis dans une position difficile ; je ne puis suivre les sentiments de mon cœur qui me portent à vous servir... Il serait dangereux pour moi de vous accueillir dans le cloître.

Elisabeth se leva brusquement.

— Monseigneur, demanda-t-elle avec fermeté, sans doute ma présence est l'unique cause de votre embarras, et si je m'éloignais, il vous serait possible de donner un asile sûr à M. de Croissi?

— Mademoiselle, je vous avouerai franchement...

— Eh bien donc, monseigneur, veuillez faire mettre à ma disposition le carrosse qui nous a conduit ici; je retourne au Palais-Royal, que je n'aurais peut-être pas dû quitter.

— Y pensez-vous, Elisabeth! s'écria Fabien avec angoisse ; si vous retournez au palais cette nuit, vous en serez honteusement chassée demain ; demain les portes d'un couvent se refermeront sur vous et nous sépareront à jamais !

— Mademoiselle, dit le coadjuteur sévèrement, il est cruel peut-être de vous adresser des reproches dans votre malheur ; cependant je dois vous ouvrir les yeux sur l'imprudence que vous avez commise en quittant ainsi le palais furtivement et de nuit avec un jeune cavalier. Cette action, bien que des circonstances particulières semblent devoir l'excuser, n'est pas moins blâmable en elle-même, et Dieu vous en punit en vous suscitant une foule de difficultés.

— Oh! veuillez m'entendre, monseigneur, dit Elisabeth avec chaleur; nul ne sait combien ce loyal jeune homme a souffert par moi et pour moi; nul ne sait de quels amers reproches il aurait le droit de m'accabler aujourd'hui si je ne le consolais dans sa chute, dont je suis la seule cause. Avant que l'ambition de ma bonne aïeule pour moi m'eût condamnée aux pompes, aux splendeurs importunes de la cour, j'aimais Fabien, et Fabien m'aimait; notre affection devait être supérieure à toutes les vicissitudes de position et de fortune, nous nous l'étions juré, nous étions fiancés devant Dieu. Cependant je partis pour obéir à d'impérieux devoirs; bientôt je parus oublier Fabien, le dédaigner; il ne reçut plus de lettres de moi, il dut m'accuser d'ingratitude, me maudire; oh! il dut bien pleurer lorsque la femme altière et cruelle que je considérais comme ma bienfaitrice...

Elle s'arrêta; un souvenir venait de la frapper. Le coadjuteur devina sa pensée.

— Continuez, continuez, mon enfant, dit-il en souriant; à la vérité madame de Chevreuse est mon amie, mais je ne me chargerais pas volontiers d'excuser ses défauts, non plus que ceux de mademoiselle sa fille... et, s'il faut vous dire ma pensée, je vous plains sincèrement de vous être trouvée absolument à la discrétion de madame de Chevreuse.

— Hélas! monseigneur, il n'est que trop vrai; elle avait pris sur moi un ascendant étrange dont je rougis! De crainte que je ne trouvasse un appui contre sa tyrannie, elle faisait épier mes actions. Mon affection pour Fabien lui donna de l'ombrage; elle me défendit d'écrire en Normandie. Le jour où j'osai transgresser son ordre, la duchesse me montra ma lettre interceptée...

— Pauvre Elisabeth! murmura Croissi; et moi qui vous accusais!

— Ce n'était rien encore, continua la fille d'honneur; Fabien du moins vivait tranquille au fond de sa province. Ce monde brillant, qui faisait une fourbe et une ingrate de la fiancée, voulut faire un meurtrier du fiancé. On employa la ruse, le mensonge, pour attirer dans le piége mon malheureux ami; on se servit de mon nom pour exiger de lui l'action infâme qu'il a repoussée de toute l'énergie de sa conscience! Ce sera donc à moi qu'il devra sa captivité perpétuelle s'il est découvert! Réfléchissez, monseigneur; ce soir en le voyant poursuivi, désespéré, devais-je l'abandonner lorsque tous ses maux sont mon ouvrage? Oh! je vous le jure, je ne songeais pas, en quittant le palais, à la punition méritée que me réserve la justice de la reine! mais Fabien me disait que ma présence pouvait seule lui donner la force de supporter la vie... Pouvais-je l'abandonner?

Un silence de quelques minutes suivit ces paroles de mademoiselle de Montglat.

— Je vous crois sincère, mon enfant, reprit le coadjuteur d'un air pensif; si votre démarche est blâmable en elle-même, je le reconnais, les motifs en sont louables. Mais je cherche vainement les moyens de vous venir en aide...

— Je pars, monseigneur, dit Elisabeth avec résignation, je retourne au Palais-Royal.

— J'y retournerai donc avec vous, s'écria Fabien.

En ce moment, Eustache Vireton se glissa jusqu'au coadjuteur et lui dit malicieusement :

— Est-il possible, monseigneur? Cette féconde imagination que ses ennemis, eux-mêmes, reconnaissent au coadjuteur, est-elle à bout de ressources?

Ce piquant reproche parut produire une grande impression sur Paul de Gondi.

— Eh! mais, que veux-tu que je fasse? dit-il avec impatience. Examine donc un peu... La reine, vivement irritée, ordonnera les plus actives recherches, et si l'on venait à découvrir que je protège ses ennemis, je serais perdu; elle me retirerait ses bonnes grâces, et Dieu sait ce qu'il adviendrait de mon chapeau de cardinal, encore mal affermi sur ma tête. Ensuite viendrait cet enragé de Croissi; il a déjà des soupçons à mon sujet, et c'est bien le plus venimeux intrigant de la terre ; il ameuterait contre moi, contre mes protégés tous les damnés fauteurs de son vilain complot. Mais ce n'est pas tout encore ; si madame de Chevreuse ou mademoiselle sa fille apprenaient la vérité, ce seraient des scènes horribles, d'où s'ensuivrait peut-être une brouille mortelle, car la mère et la fille ne sont pas du caractère le plus doux du monde...

— Est-ce là tout ce qui vous inquiète, monseigneur ? dit l'écolier d'un ton légèrement ironique ; Votre Eminence peut-elle s'arrêter devant de pareilles objections ? D'abord, le départ subit de M. le Prince occupera bien assez la reine pour distraire son attention ; si elle pense encore demain à la disparition subite de M. Fabien de Croissi et de sa fille d'honneur, ce sera pour donner au capitaine des gardes un ordre qu'on n'exécutera pas. Quant à M. Albert de Croissi, tout rusé que vous le supposiez, je serais bien trompé si vous n'étiez capable de le jouer mille fois ; il n'est pas de taille à lutter contre un adversaire tel que vous, si vous le voulez bien... D'un autre côté, madame de Chevreuse a des torts très graves envers cette jeune demoiselle ; qu'un homme habile comme vous prenne la peine de se servir des circonstances, et il pourra donner à cette affaire un tour particulier qui mettra les torts du côté de la duchesse. L'objection relative à sa fille n'est pas plus sérieuse, car d'après la renommée, vous lui persuadez tout ce qu'il vous plaît... Enfin, monseigneur, à vous parler avec franchise, je ne vois pas dans la protection que vous pouvez accorder à ces jeunes gens, de dangers bien graves pour vous ; et quand vous en rencontreriez de tels, il n'y aurait que plus de gloire à les braver !

Un des traits les plus connus du caractère du coadjuteur était une tendance à se raidir contre les difficultés, souvent même les faire naître afin d'avoir occasion de les vaincre. Eustache avait profité habilement de cette disposition d'esprit. En chatouillant l'amour-propre de l'homme d'État, il était sûr d'atteindre son but.

Paul de Gondi sentit le piège, mais il ne cherche pas à l'éviter.

— Le drôle a réponse à tout, dit-il en riant; tiens, ami Vireton, je te prédis une chose : c'est que si tu ne tournes pas au bien, tu deviendras le plus grand coquin.... Allons! puisqu'il le faut, je ne reculerai pas; il s'agit de lutter de ruse et de précautions avec des ennemis puissants, je lutterai. Rrestez ici, mes chers enfants; je m'arrangerai pour vous défendre envers et contre tous.

— Oh! monseigneur, que de reconnaissance...

— Un moment, reprit le coadjuteur, je mets à mes services certaines conditions.

— Oh! parlez, parlez, monseigneur!

s'écrièrent à la fois Élisabeth et Fabien.

— La première, c'est que dès demain vous serez mariés dans ma chapelle particulière ; j'ai besoin de prendre cette précaution pour des raisons... personnelles. Comme vous n'avez ni l'un ni l'autre de proches parents qui soient en droit d'y mettre opposition, l'affaire se fera sans difficultés ; je me charge des dépenses.

Fabien regarda fixement mademoiselle de Montglat ; elle baissa les yeux en rougissant.

—Mon ami, murmura-t-elle, ne suis-je pas déjà votre fiancée ?

— Voilà donc un point convenu, reprit Paul de Gondi. La seconde condition est que M. Fabien de Croissi ne gardera pas rancune au pauvre fou de moine qu'il a pour chassé, l'autre jour, chez le maître de poste Pichard ; on n'avait réellement pas de mauvaises intentions contre lui.

— Quoi ! monseigneur, est-ce que vous connaîtriez...

— C'était moi, dit le prélat en souriant ; je savais que vous deviez passer par là ; comme j'avais le plus haut intérêt à vous connaître, j'allai moi-même, sous l'habit d'un moine, vous attendre à l'auberge. Pour vous forcer à vous arrêter en cet endroit, et pour vous examiner à loisir, je donnai l'ordre à mes gens d'accaparer les chevaux de poste et d'aller les abîmer de fatigue... Vous savez comment j'ai réussi. J'eus beaucoup de peine à rejoindre mon escorte, et vous arrivâtes à peu près en même temps que moi sur le Pont-Neuf... Mais laissons le passé et venons au présent... J'entreprends à mes risques et périls de vous mettre, vous et mademoiselle de Montglat, à l'abri des inimitiés que vous avez soulevées; mais il faut de votre côté que vous vous engagiez à m'obéir aveuglément.

Les deux jeunes gens protestèrent avec empressement de leur obéissance absolue.

— Eh bien! pour commencer, reprit le coadjuteur, vous devez vous considérer à peu près comme prisonniers; hors de l'enceinte de ces bâtiments mille dangers vous attendent. De plus, comme une foule de personnes pénètrent chaque jour dans le cloître et comme vous pourriez être reconnus, vous resterez confinés dans votre appartement; sans cela je ne répondrais pas de vous.

— Nous obéirons, monseigneur.

Paul de Gondi saisit précipitamment une sonnette d'argent placée sur son bureau. Un domestique de confiance accourut aussitôt.

— Comtois, dit-il d'un ton bref, faites venir dame Germain, la femme de charge, et avertissez M. Joly, mon secrétaire.

Peu d'instants après, dame Germain, grosse femme de cinquante ans, à mine fraîche et épanouie, parut en se frottant les yeux ; derrière elle, venait un personnage vêtu de noir, qui n'était autre que Guy Joly, dont il existe des mémoires intéressants sur la Fronde. Le secrétaire et la femme de charge témoignèrent une égale surprise en voyant le coadjuteur en compagnie de ces gens inconnus.

— Dame Germain, dit le prélat en montrant Elisabeth, je confie cette jeune demoiselle à votre garde expresse ; elle logera près de vous et vous la servirez seule ; vous veillerez sur elle comme sur votre enfant... entendez-vous, comme sur votre enfant ?

— Je comprends, monseigneur, dit la

femme de charge; personnne n'approchera d'elle sans ma permission; et permettez-moi de vous le dire, monseigneur, c'est une bonne précaution dans une maison toujours remplie de gens de guerre, où l'on est exposé...

— Il suffit, dame Germain, interrompit Gondi en souriant; mais vous n'êtes pas en peine, je crois, de vous faire respecter. C'est une mission de confiance que je vous donne, remplissez-la fidèlement; ayez pour cette dame toutes sortes de soins et d'égards. Surtout procurez-lui promptement des vêtements simples et plus convenables que cette toilette de cour.

— J'obéirai, monseigneur, dit la bonne

femme avec volubilité; cependant, j'oserais vous demander pourquoi...

— Assez, dit sèchement Gondi; il faut que vous sachiez, mademoiselle, continua-t-il en s'adressant à mademoiselle de Montglat que votre nouvelle gouvernante, quoique la meilleure femme du monde, est curieuse, bavarde, et...

—Ah! monseigneur, c'est une calomnie!

Le coadjuteur se tourna vers son secrétaire :

— Vous, mon cher Joly, je vous confie ce jeune homme ; vous le placerez dans le pavillon du *Grand-Chantre,* c'est le moins fréquenté, et vous veillerez à ce que rien ne lui manque... Je vous conterai demain son histoire. J'exige le plus grand secret sur la présence de ces jeunes gens au cloître.. je dis aussi cela pour vous, dame Germain !

— Moi, monseigneur? s'écria la brave femme en interrompant la série interminable de questions dont elle accablait déjà la pauvre Monglat, avez-vous eu jamais à vous plaindre de ma langue ? vous seul, monseigneur, ne me rendez pas justice, car...

— Allons, brisons là ; conduisez mes hôtes dans les appartements que je vous ai indiqués. Ils sont épuisés de fatigue et de chagrin ; ils ont besoin de repos.

Fabien et Elisabeth s'avancèrent pour adresser des remercîments au coadjuteur,

— Sans doute, mes bons amis, dit-il d'un air de regret, mon hospitalité ne sera ni bien agréable ni bien splendide... Elle vaudra mieux toutefois que la Bastille et le couvent des carmélites.

Puis il les congédia d'un signe affectueux, et ils sortirent, chacun de son côté, précédés par le guide qui leur avait été assigné.

Après leur départ, le coadjuteur resta pensif et muet, le coude appuyé sur son bureau ; Eustache Vireton l'examinait en silence. Un mouvement de l'écolier tira Gondi de ses réflexions.

— Ah ! c'est toi, *mon lieutenant,* dit-il en souriant, je t'avais oublié... Eh bien ! que veux-tu ?

— Seulement demander à monseigneur si je l'ai dignement servi.

— Trop bien ; et tu viens sans doute me rappeler ma promesse ? Mais avant de t'accorder le bénéfice dont je dois récompenser ton zèle, j'aurais besoin, pour quelque temps encore, de tes services. Aventureux, adroit, plein d'expédiens, tu pourras m'être utile. Reste donc avec moi, mon enfant, et tu ne perdras pas pour attendre.

— De tout mon cœur, monseigneur, s'écria l'écolier d'un ton joyeux ; et, si vous le voulez bien, nous travaillerons ensemble au bonheur de nos jeunes amis.

— Leur bonheur ? répéta le prélat en soupirant, tu crois donc que, passé le danger actuel, ils pourront être heureux?

— Si je le crois? Le jeune homme est si brave, si franc, si honnête...

— Et *elle* est si jolie! *elle* l'aime tant! ajouta le coadjuteur d'un ton mélancolique.

— Ah! monseigneur, cette réflexion convient mieux au muguet qu'au cardinal!

— Que veux-tu! reprit Gondi en poussant un nouveau soupir, j'avais l'âme la moins ecclésiastique de l'univers, et cependant il a fallu me résigner à porter cette robe sacerdotale... Noire, violette ou rouge, qu'importe! Mais laisse-moi, mon garçon, tu dois avoir besoin de repos.

— Et vous, monseigneur?

L'homme d'état secoua la tête d'un air distrait et s'enfonça de nouveau dans ces profonds calculs politiques, objet de ses continuelles méditations.

## VI

### La Grand'Salle.

Un mois environ s'était écoulé depuis les évènements que nous venons de raconter ; Fabien et Elisabeth étaient restés cachés, pendant tout ce temps, au Cloître-Notre-Dame. Dès le troisième jour de leur arrivée, ils avaient été mariés secrètement par l'aumônier du coadjuteur. Ce mariage, comme on le voit, avait été conclu sous de tristes auspices; mais Gondi l'avait cru nécessaire, car la malignité pouvait s'éveiller tôt ou tard à propos du séjour d'une jeune et belle personne dans la maison d'un prélat dont les galanteries n'étaient pas un mystère. Du reste, cet acte important n'apporta pas de modifications au genre de vie prescrit aux deux jeunes gens; ils étaient toujours sur le pied de la plus grande réserve. Ils ne pouvaient se voir qu'une fois chaque matin, en présence de dame Germain qui les importunait de son bavardage et de sa curiosité. Hors ce moment d'entretien journalier, ils restaient, chacun de son côté, confinés dans une profonde solitude, et ils ne prévoyaient aucune solution prochaine à tant d'ennuis.

Cependant le plus profond mystère couvrait encore l'évasion d'Elisabeth au Palais-Royal ; la reine, pour éviter le scandale, avait fait répandre le bruit que la jeune fille s'était absentée par son ordre, et, si les courtisans avaient jasé, du moins avaient-ils jasé tout bas. Anne d'Autriche, comme on peut le croire, soupçonnait le coadjuteur d'avoir conduit cette évasion presque miraculeuse ; mais bien qu'elle le vît chaque nuit dans son oratoire, elle ne lui parlait jamais de ce point délicat. De son côté, le chef de parti avait compris à certains signes qu'il ne serait pas prudent encore de plaider la cause de ses jeunes amis. Il semblait qu'il y eût entre les parties une convention tacite de ne pas évoquer ces faits de nature à les brouiller, lorsque les affaires de l'État exigeaient impérieusement qu'elles agissent de concert; mais ni l'une ni l'autre n'avait pris d'engagement, la reine de pardonner à ceux qui l'avaient offensée, le coadjuteur d'abandonner ses protégés.

Le plus dangereux ennemi des nouveaux époux était néanmoins le baron de Croissi. Dès le premier moment, il avait soupçonné le lieu véritable de leur retraite. Albert, quoique disgrâcié par la reine, n'était pas moins investi de pouvoirs formidables contre les deux fugitifs, et il comptait les faire valoir en dépit de toute considération politique. Aussi l'avait-on vu rôder autour du Cloître et tenter de se lier avec les gentilshommes qui gardaient nuit et jour le coadjuteur. La sagacité merveilleuse d'Eustache Vireton, chargé spécialement par son maître de veiller sur Elisabeth et Fabien, avait toujours déjoué ces manœuvres ; mais si le pouvoir de Gondi venait à décliner, l'implacable Croissi chercherait certainement à ressaisir ses victimes de force, et peut-être, en pareil cas, ne serait-il pas désavoué par la reine.

Le sort des jeunes gens se trouvait donc intimement lié à la fortune de leur protecteur, qui subissait elle-même l'influence des affaires publiques du moment. A cette époque de troubles, les évènements marchaient vite, et depuis le départ de Condé pour Saint-Maur, de grands changements s'étaient opérés à la cour. Au premier avertissement, le prince avait paru fort effrayé du projet conçu pour se débarrasser de lui; mais bientôt il avait profité de l'indignation que certains bruits vagues du complot soulevaient en sa faveur pour se rendre plus puissant que jamais. Il avait exigé et obtenu le renvoi des sous-ministres Servien, Lionne et Châteauneuf, qu'il soupçonnait d'en être les auteurs; il s'était fait donner un sauf-conduit pour venir à Paris; enfin, rassuré par toutes ces garanties, il avait quitté Saint-Maur avec un train magnifique et repris possession de son hôtel. Chaque jour il se rendait au Parlement, comme autrefois, suivi d'une escorte nombreuse ; n'eût été le coadjuteur qui lui tenait tête courageusement, il eût été plus maître à Paris que la reine elle-même.

Les évènements politiques et les faits particuliers de cette histoire en étaient donc là, le 21 août 1651, un mois environ, comme nous l'avons dit, après l'évasion nocturne du Palais-Royal. Ce jour-là, dès le matin, le quartier Notre-Dame s'encombrait d'une foule immense qui devait accompagner le coadjuteur au Parlement. La séance de la veille avait été très orageuse ; les écharpes Isabelle s'étaient mon-

trées en nombre supérieur dans la grand'-
salle, et Gondi avait convoqué le ban et
l'arrière-ban de ses partisans, afin de prouver que *la vieille et légitime Fronde* ne se lais-
serait pas humilier par la nouvelle. Condé, de son côté se préparait à la lutte ; tout
ce qui tenait à sa faction devait ce jour-là
se trouver au Palais-de-Justice. Aussi peut-
on croire que tout Paris était en l'air.
Les artisans, dans leurs boutiques, dérouil-
laient de vieilles arquebuses du temps de
la ligue ; on rencontrait à chaque pas
des personnages hétéroclites traînant de
grands sabres, affublés d'antiques cui-
rasses. Si l'on en jugeait par l'air belliqueux de certains bourgeois naturellement pacifiques, l'affaire paraissait de-

voir être chaude, en cas de bataille.

Ces préparatifs avaient un air plus grave dans le voisinage du Cloître. On y rencontrait beaucoup moins de bourgeois ridicules sous leur harnais militaire et beaucoup plus de soldats et de gentilshommes bien montés, bien équipés, prêts à une résistance sérieuse. On avait placé des matériaux à l'angle des rues afin d'élever instantanément des barricades, si besoin était ; des hommes se postaient sur les tours de Notre-Dame avec des grenades ; certaines maisons étaient closes et disposées pour servir de forteresses. La cour principale du Petit-Archevêché présentait l'image d'un arsenal, au moment d'une attaque. Des mousquets, des arquebuses, des hallebardes, étaient rangés contre les murailles ; des cavaliers et des fantassins se pressaient dans cette vaste enceinte devenue trop étroite. Au centre, on voyait cinq à six carrosses destinés à transporter au Palais-de-Justice les chefs du parti. Des laquais et des pages, à la livrée du coadjuteur, couraient d'un air insolent au milieu de ces chevaux, de ces armes entassées, de cet attirail guerrier pour porter des ordres ; on criait, on se heurtait ; des jurons sonores faisaient trembler les échos sanctifiés de cette demeure ecclésiastique ; c'était un désordre à rompre la tête, un vacarme à rendre sourd, une scène à donner de cruelles inquiétudes pour la capitale de la France.

Cependant, à l'extrémité de ces immenses bâtiments du Cloître-Notre-Dame, dans une chambre dont les fenêtres s'ouvraient sur une cour écartée, ce bruit infernal arrivait seulement comme un murmure lointain. Elisabeth et Fabien, revêtus de costumes fort simples, qui ne pouvaient attirer l'attention sur eux, étaient assis côte à côte et causaient à voix basse, indifférents aux passions tumultueuses qui s'agitaient si près d'eux. Dame Germain, la gouvernante, s'avançait de temps en temps sur le balcon de pierre pour voir ce qui se passait au dehors, et sa distraction permettait du moins aux jeunes gens de s'épancher en liberté, sans redouter l'oreille indiscrète de la digne femme.

Leur conversation avait pris une tournure encore plus triste qu'à l'ordinaire ; un profond abattement était peint sur leurs visages. Vainement Fabien essayait-il de donner à Elisabeth des consolations qu'il ne partageait pas ; un profond silence finit par s'établir entre eux, et chacun à part soi se livrait aux plus sinistres réflexions.

En ce moment Eustache Vireton parut tout essoufflé et haletant. Il était vêtu de noir, mais une grande rapière, suspendue à son côté, un collet et des gants de buffle, lui composaient un attirail des plus belliqueux. Etonnés de cette brusque apparition, les deux jeunes gens se levèrent en tressaillant, la gouvernante fit un mouvement d'effroi. Mais le brave écolier, sans s'inquiéter de l'impression qu'il produisait, dit à Fabien avec précipitation :

— Vite, vite, monsieur de Croissi, allez vous préparer... On n'attend plus que vous pour partir.

— Moi? demanda Fabien au comble de la surprise; où voulez-vous donc me conduire?

— Au Parlement.

— Y pensez-vous, monsieur? dit Elisabeth, Fabien serait promptement reconnu, arrêté, ou du moins ..

— Je ne puis répondre qu'une chose, c'est que monseigneur l'ordonne, et il a certainement des motifs pour cela. Peut-être songe-t-il enfin à vous tirer de la fausse position où vous vous trouvez maintenant...

— Mais comment? par quels moyens?

— Il ne m'a rien dit de précis à cet égard en me donnant ses instructions ; seulement il faut vous préparer à le suivre sur-le-champ au Palais-de-Justice, et, ce qu'il y a de singulier, c'est que vous devez revêtir le costume que vous portiez le jour de votre présentation à la reine... il recommande ceci particulièrement.

—C'est étrange! dit Fabien en regardant Elisabeth.

—Obéissez à notre protecteur, reprit la jeune fille avec confiance, obéissez, mon ami, sans chercher à pénétrer ses desseins.

— J'obéirai, dit Croissi; le coadjuteur me demanderait ma vie que je ne pourrais la lui refuser; cependant il serait sage, je crois, de prendre certaines précautions...

— Vous vous envelopperez de votre manteau, c'est encore une recommandation de monseigneur... Mais, pour Dieu! monsieur de Croissi, dépêchez-vous; j'entends les trompettes qui sonnent dans la grande cour, et l'heure de l'audience est venue.

Fabien déposa rapidement un baiser sur le front de sa jeune femme.

— Bon courage, Elisabeth, lui dit-il en souriant; certainement notre bienfaiteur veut tenter quelque effort pour notre délivrance... Peut-être vous rapporterai-je de bonnes nouvelles.

— Dieu le veuille, Fabien ! murmura la jeune fille qui, sur le point de se séparer de lui, ne pouvait se défendre d'une véritable terreur.

Eustache accompagna Fabien jusqu'à sa chambre afin d'accélérer sa toilette. Le jeune Croissi, comme l'avait exigé le coadjuteur, reprit le costume qu'il portait le soir de sa visite au Palais-Royal, et s'arma d'une bonne épée. Puis, enveloppé d'un manteau qui lui couvrait le visage, ce qui ne paraissait pas extraordinaire, même en plein jour, dans un temps où les femmes du monde sortaient toujours masquées, il descendit dans la grande cour avec son guide fort impatienté de ces retards.

Au premier coup d'œil Fabien fut ébloui du splendide équipage des gentilshommes et des domestiques qui devaient composer l'escorte ; ce n'étaient que riches broderies, galons d'or, armes étincelantes, fières armoiries. Des panaches de mille couleurs se balançaient au-dessus des frondes de soie qui décoraient les chapeaux des partisans. Croissi et son guide eurent beaucoup de peine à se frayer passage à travers cette masse compacte. Enfin ils atteignirent cependant un carrosse dont maître Joly, qui remplissait en cette circonstance les fonctions de maître des cérémonies, semblait défendre l'entrée contre deux ou trois bravaches à longues moustaches. A peine eut-il reconnu les deux jeunes gens, qu'il leur laissa prendre les places vides, au grand scandale des matadors; puis, après avoir échangé quelques mots bas avec Vireton, il se perdit dans la foule.

Enfin le coadjuteur parut sur le perron du Petit-Archevêché, et sa présence fut saluée de mille vivats bruyants. Il ne portait pas encore la robe rouge de cardinal : il était en rochet et en bonnet carré ; sa croix d'or étincelait sur son camail violet. Autour de lui se groupait une magnifique compagnie de gentilshommes, parmi lesquels on distinguait MM. de Châteaubriand, de Noirmoutier, de Fosseuse, d'Argenteuil, de Sévigné, et beaucoup d'autres portant des noms illustres de France.

— Vive le coadjuteur ! vive la Fronde ! s'écrièrent les assistants en battant des mains.

Le prélat salua gracieusement et remercia par un sourire ; puis il monta dans le premier carrosse, les gentilshommes se mirent en selle, et l'imposant cortège sortit lentement de la cour.

Le trajet fut assez long ; tout le chemin de Notre-Dame au Palais-de-Justice, les ponts, les quais, les rues étaient obstrués par la population qui se portait sur le passage du coadjuteur. Les uns applaudissaient, d'autres poussaient des huées ; les plus sages restaient silencieux ou déploraient tout bas les maux qui pouvaient résulter de cette pompe.

Le Palais-de-Justice, ce vieux sanctuaire des lois, présentait surtout un spectacle affligeant. Les approches en étaient gardées par des soldats aux ordres du coadjuteur ; des bourgeois en armes remplissaient les cabarets du voisinage et jusqu'aux buvettes du Parlement. Dans la cour s'agitait une plèbe ignoble, couverte de haillons, armée de couteaux, ramassis de vagabonds et de voleurs que l'on payait pour criailler à tant la journée. Le coadjuteur descendit de son carrosse, en face du grand escalier, et dès qu'il parut il fut salué de nouveau par les cris de : « Vive la Fronde! vive le coadjuteur! » Cependant, au milieu de ces acclamations enthousiastes, l'oreille exercée du chef de parti crut distinguer aussi quelques voix importunes qui criaient : « Au Mazarin ! au Mazarin ! »

Ces symptômes d'impopularité naissante appelèrent sur son visage une légère rougeur, mais il se remit promptement et monta l'escalier pour se rendre à la grand'salle, avec tous ceux de ses partisans qui n'avaient pas de poste au dehors. Le prince de Condé n'était pas encore arrivé ; on voyait seulement un petit nombre de conseillers et de pairs dans le Parlement : il restait donc quelques instants à Gondi pour donner ses derniers ordres. Il fit halte au pied d'un des grands piliers de la salle des Pas-Perdus, et, entouré de ses principaux gentilshommes, il tint une sorte de conseil.

— Eh bien! messieurs les capitaines, demanda-t-il à des cavaliers en habit bourgeois qui se détachèrent d'un groupe assez nombreux, vos gens sont-ils exacts au rendez-vous?

— Les voici, monsieur, répondit un des capitaines de la garde bourgeoise ; pas un n'y manque ; ils ont tous des épées et des pistolets sous leurs manteaux.

— Je reconnais là le zèle de mes chers voisins du pont Saint-Michel et en particulier le vôtre, mes bons amis, dit le coadjuteur en les congédiant d'un signe, je vous remercierai après la séance. — Et vous,

Ravaz, continua-t-il, en interpellant un gentilhomme qui portait l'uniforme de capitaine aux gardes, où sont placés vos bons drilles?

— Dans les buvettes, monseigneur, et sur ma parole ils comptent faire autre chose que boire ! la reine...

— Paix, paix ! ne prononcez pas ce nom ici, interrompit Gondi en clignant des yeux; et les chevaux-légers de M. de Schomberg, les gendarmes de M. d'Albert, où sont-ils?

— Au bas des degrés de la Sainte-Chapelle, monseigneur.

— Fort bien, fort bien, fit le coadjuteur en se frottant les mains ; M. le prince est un grand homme de guerre, mais je suis sûr qu'il n'aurait pu prendre ses dispositions mieux que nous... Le palais est investi de tous côtés. Voyons, maintenant assurons-nous de l'intérieur... Anneri, vous allez occuper la troisième chambre avec messieurs les gentilshommes du Vexin ; s'il faut charger, vous prendrez en flanc le parti de M. le Prince et vous le rejeterez sur le grand escalier. MM. les anciens officiers de Montrose occuperont la quatrième chambre... Dans les armoires de la buvette on trouvera des grenades pour lancer sur les groupes d'ennemis, mais à la dernière extrémité... Souvenez-vous de ceci, messieurs, à la dernière extrémité, car je ne veux pas qu'on incendie encore une fois le Palais-de-Justice...Vous, messieurs, ajouta-t-il en s'adressant à ceux qui l'entouraient, vous resterez ici, c'est le poste d'honneur ; soyez attentifs au moindre tumulte qui s'élèvera de la grand'chambre.

Ces différents ordres, donnés avec clarté et précision, occasionnèrent un certain mouvement dans la salle ; le coadjuteur promena son regard autour de lui, comme pour chercher s'il n'avait pas oublié quelque précaution importante ; il aperçut alors Fabien et maître Eustache immobiles à quelques pas. Le coadjuteur leur fit signe d'approcher, mais au même instant un gentilhomme, tout en nage et tout essoufflé, s'élança vers les principaux frondeurs :

—Ils viennent enfin, dit-il avec précipitation; dans quelques minutes ils seront ici.

— Qui donc, mon cher Châteaubriand? demanda le coadjuteur.

— Les princes et leur suite... ils sont au moins aussi nombreux que nous, mais nous avons admirablement pris nos postes.

— Il n'y a qu'au Parlement, messieurs, dit le coadjuteur d'un air de modestie, où nous puissions les prendre mieux que le grand Condé... mais voici le moment d'agir : que chacun songe à son devoir!

En même temps il s'avança vers la grand'-chambre du Parlement, aujourd'hui la salle des séances de la cour de cassation, avec MM de Brissac, de Bouillon, de

Beaufort et de quelques autres ducs et pairs de ses amis. Eustache eut soin de se trouver sur son chemin avec le jeune Croissi; le coadjuteur s'arrêta devant eux.

— Tu n'oublieras rien? dit-il brusquement à Vireton.

— Rien, monseigneur.

— C'est bien; et vous, jeune homme, continua-t-il en s'adressant à Fabien, fiez-vous à maître Eustache comme à moi-même... Il s'agit de votre salut. Bon courage!

Il rejoignit ses nobles compagnons et ils entrèrent tous dans la grand'chambre.

— Vous avez entendu? reprit Eustache; vous devez vous fier entièrement à moi... Au reste, votre rôle se réduit à peu de chose ; il s'agit seulement de vous montrer dans le Parlement ; vos amis feront le reste.

— Dans le Parlement ! répéta Fabien, mais ni vous ni moi n'avons le droit d'y pénétrer.

— C'est ce que nous allons voir... sans doute ni vous ni moi ne pouvons nous asseoir sur les fleurs de lys avec Messieurs ; mais il y a dans la salle des places plus modestes et le coadjuteur a pris soin de nous pourvoir... Suivez-moi donc, et avant de prononcer une parole, regardez toujours autour de vous.

Il conduisait Fabien vers la porte de la grand'chambre ; mais au moment de la franchir, ils entendirent un bruit qui domina le bourdonnement de la foule déjà réunie dans la salle. En même temps des huissiers les repoussèrent avec leur verge d'argent, en criant d'une voix sonore :

— Place à son altesse le prince de Condé ! Place à son altesse le prince de Conti !

Eustache et Fabien se blottirent aussitôt entre deux pilastres ; les princes en effet montaient l'escalier de la grand'salle avec un cortége aussi nombreux que celui du coadjuteur, et peut-être encore plus brillant. Les gentilshommes, les pages, les laquais portaient l'écharpe Isabelle ; ils étaient chargés d'une profusion de bijoux, de plumes et de rubans qui produisaient à l'œil le plus bel effet. Leurs manières semblaient aussi plus insolentes que celles des partisans de Gondi, et la vue de quelques grotesques bourgeois appartenant à la faction opposée, excita leurs bruyants éclats de rire.

A l'arrivée des princes, les Frondeurs s'étaient retirés rapidement dans cette portion de la salle qui longe la rue de la Barillerie, laissant l'autre portion à la disposition des nouveaux venus. En temps ordinaire, les deux Frondes se mêlaient volontiers dès que les chefs étaient entrés au Parlement; mais dans cette journée mémorable on était si convaincu de la possibilité d'un conflit, que les deux partis ne se confondirent pas un instant.

Le prince de Condé, s'arrêtant au milieu

de la salle, étudia les dispositions de ses ennemis. Il était jeune encore et de taille moyenne ; mais ses gros traits et sa pose hardie avaient une majesté singulière. Rien n'égalait la magnificence de son costume. Il portait, par dessous son manteau de pair, un habit Isabelle de la couleur de sa livrée, tout brodé de perles et de rubis. Un gros diamant soutenait la plume de son chapeau, relevé à la Henri IV ; tous les ordres français et beaucoup d'ordres étrangers brillaient à son cou, sur sa poitrine. Son examen ne fut pas long ; une expression d'ironie se peignit sur ses traits. Il adressa bas quelques paroles au prince de Conti, son frère, petit bossu, vêtu comme lui, et qui paraissait être sa caricature; puis ils entrèrent dans la grand'chambre en haussant les épaules avec affectation.

— Maintenant! maintenant! murmura Vireton, voyant l'entrée du Parlement devenue libre.

Mais, à son grand étonnement, Fabien ne bougeait pas, et regardait un groupe voisin, comme s'il n'avait pas entendu. Vireton suivit la direction de ses yeux, et s'expliqua parfaitement alors la préoccupation du jeune Croissi.

Comme nous l'avons dit, les deux partis avaient tracé une sorte de ligne de démarcation dans la salle, et personne, par une convention tacite, ne songeait à la franchir avant le moment du combat. Seulement quelques amis d'opinions opposées s'avançaient sur la limite de leurs camps respectifs, échangeaient entre eux de joyeuses plaisanteries ou même des politesses. On se reconnaissait, on s'appelait, sans aigreur et sans colère ; on allait peut-être s'entr'égorger dans la minute suivante ; mais on causait familièrement dans celle-ci : telles étaient les mœurs du temps.

Tout à coup un grand tumulte se forma du côté des gentilshommes de Condé. Un personnage, portant l'écharpe Isabelle, venait d'entrer dans la salle, et s'était mêlé sans façon à la noblesse de ce parti ; mais dès qu'on l'eût reconnu, d'effroyables huées s'élevèrent contre lui. On le dépouilla violemment de l'écharpe aux couleurs de Condé ; mille voix irritées l'accablaient d'injures.

— Que viens-tu faire parmi nous, misérable traître? s'écria-t on ; sans doute épier nos secrets pour les vendre à la cour, au coadjuteur? Sus au lâche ! sus à l'espion ! Il n'est pas digne d'appartenir à Son Altesse !

L'homme à qui s'adressaient ces invectives, et qui, pâle, les vêtements en désordre, se débattait contre des mains furieuses, était le baron Albert de Croissi.

— Ecoutez-moi, messieurs, dit-il d'un ton suppliant, vous vous méprenez... J'ai toujours été fidèle à M. le Prince; la preuve est qu'en ce moment j'ai d'importants secrets à lui révéler! Vous avez entendu dire qu'un complot était tramé contre la vie de Son Altesse ; j'en connais les détails, et le Prince pourra se venger de ses ennemis.

Fabien frissonna d'horreur ; il n'avait pu jusque-là croire son frère capable de tant de bassesse et de lâcheté.

— Encore quelque fourberie! dit un gentilhomme qui portait l'uniforme de capitaine des gardes du prince de Conti ; messieurs, chassons cet espion du cardinal, ou plutôt qu'il retourne à ses amis les Mazarins.

Et il désignait les Frondeurs de Gondi.

— Oui, oui, envoyons-leur ce double

traître, s'écrièrent une foule de voix; il déshonorerait la cause de M. le Prince.

Le capitaine aux gardes, aidé d'un autre gentilhomme, se saisit de Croissi et le lança brutalement du côté des Frondeurs.

— Voici le cadeau que la nouvelle Fronde fait à la vieille! s'écria-t-il d'un ton ironique; gardez tout... nous ne demandons rien en retour!

Des éclats de rire, des applaudissements accueillirent cette grosse plaisanterie.

— Eh bien! soit, s'écria le baron écumant de rage, en montrant le poing au parti de Condé, vous voulez m'avoir pour ennemi, je le serai... Braves gens, continua-t-il en s'adressant aux bourgeois qui l'entouraient, je suis des vôtres maintenant à tout jamais ; vous ne serez pas fâchés de me compter dans vos rangs, si l'on en vient aux coups avec ces insolents factieux !

Les bourgeois le regardèrent avec indifférence ; mais les gentilshommes du coadjuteur vinrent entourer le baron de Croissi.

— Nous ne voulons pas de cet homme ! s'écria le chevalier de Laigues, un des amis intimes de Gondi ; il est à ma connaissance que ce personnage est particulièrement odieux au coadjuteur pour ses infâmes menées... Nous ne voulons pas d'un renégat, d'un Mazarin parmi nous... Que la nouvelle Fronde garde ses présents ; nous ne pourrions en rendre de pareils !

Les Frondeurs répondirent par un hourra. Croissi voulut vainement se justifier.

— Nous n'entendrons aucune explication, dit de Laigues ; sortez de nos rangs, ou nous emploierons la force pour vous en chasser.

La haine, la fureur et la honte avaient bouleversé la physionomie du baron. Ses yeux se contournaient dans leurs orbites, il grinçait des dents.

— Allons ! allons ! partez, disaient les Frondeurs en cherchant à le repousser hors de la ligne de leur camp ; nous n'avons pas besoin de vos services.

— Si ce traître approche de nous, il aura les oreilles coupées ! s'écria le capitaine aux gardes de l'autre côté.

Croissi se trouvait entre les deux partis comme un sanglier cerné par les chasseurs ; il jetait autour de lui des regards étincelants pour chercher duquel de ses ennemis il devait faire sa proie. Enfin, il s'élança vers le capitaine qui semblait le plus acharné contre lui :

— Quoique j'aie été cruellement outragé, marquis de Crenan, dit-il, je suis encore gentilhomme ; j'ai donc le droit de vous demander raison de votre conduite déloyale.

— Vous ! allons donc, dit le marquis en ricanant.

— Eh bien alors, continua Croissi d'une voix forte, je déclarerai tout haut, en présence des deux partis, que vous êtes un lâche qui refuse le combat !

Un effroyable tumulte éclata sur ce mot ; les amis de Crenan voulaient qu'il n'acceptât pas le défi, sous prétexte que Croissi, par ses défections, avait perdu sa qualité de gentilhomme ; d'autres soutenaient que l'honneur exigeait impérieusement que le capitaine lavât dans le sang du baron cette injure publique. Crenan parut être de cet avis, car il échangea quelques mots tout bas avec son ennemi ; puis élevant la voix, il dit avec autorité :

— Que personne maintenant n'outrage ni par actions ni par paroles M. de Croissi ;

je viens de prendre rendez-vous avec lui.

On se tut aussitôt; à cette époque le duel avait certains privilèges que l'on regardait comme sacrés.

— A ce soir donc, monsieur, reprit Crenan d'un ton grave ; vous pouvez sortir sans crainte.

Et par contraste avec sa brutalité passée, il salua poliment son adversaire. Celui-ci s'inclina d'un air sombre, et quitta la salle avec précipitation.

Pendant cette terrible scène, Fabien avait souffert les plus affreuses tortures; plusieurs fois Vireton avait voulu l'entraîner, mais le jeune homme semblait cloué sur place par un pouvoir invisible. De grosses larmes coulaient de ses yeux.

— Voilà donc, murmura-t-il enfin, où l'ont conduit son ambition effrénée, ses savantes intrigues! En butte à la haine de tous les partis, il ne lui reste plus qu'à mourir abreuvé de dégoûts et de fiel!..... Mon pauvre père, qu'eussiez-vous dit si vous aviez pu voir votre fils bien-aimé ainsi couvert de mépris et de honte?

— Allons? dit Eustache avec impatience en interrompant ces douloureuses réflexions, songez à vous-même, monsieur Fabien, songez à votre Elisabeth... nous laissons passer un temps précieux.

Fabien soupira, puis ramena son manteau sur son visage et se laissa conduire en silence. Ils traversèrent le parquet des huissiers et s'enfoncèrent dans un couloir obscur, à l'extrémité duquel ils trouvèrent un homme, armé jusqu'aux dents, en sentinelle devant une porte basse. Eustache prononça quelques mots à demi-voix ; la sentinelle leur ouvrit aussitôt une sorte de tribune qui donnait dans la salle du Parlement.

## VII

#### Une séance du Parlement.

A chaque extrémité de la grand'chambre se trouvaient deux cabinets en légère charpente. On les appelait des *lanternes* à cause des châssis vitrés qui les fermaient; c'était dans une de ces lanternes que Fabien et Vireton venaient de prendre place.

Outre les châssis de verre, elles étaient munies de petits rideaux susceptibles de s'abaisser à volonté ; on pouvait ainsi s'isoler de la salle. Ces places étaient réservées d'ordinaire aux grandes dames qui désiraient assister en secret aux séances du parlement.

Lorsque les deux jeunes gens entrèrent, il régnait dans le cabinet une obscurité relative ; il fallut quelques secondes pour que leurs yeux pussent distinguer les objets environnants. La lanterne était partagée en deux parties par une balustrade assez basse, pareille à celles des loges découvertes de nos théâtres. Ils occupaient seuls une de ces divisions; mais dans l'autre se trouvait une dame vêtue de noir et masquée ; elle observait la salle par une légère ouverture ménagée entre les rideaux.

Comme on savait d'avance que la séance pouvait être troublée par un effroyable conflit, il fallait un grand courage à cette femme pour se hasarder si près du théâtre de la lutte. Cependant, l'inconnue, sans songer au danger, suivait avec un intérêt singulier ce qui se passait dans la grand'-chambre. Elle s'agitait par intervalles ; sa poitrine se soulevait d'émotion à chaque éclat de voix des orateurs : telle était sa préoccupation qu'elle ne remarqua même pas la présence des jeunes gens, séparés d'elle seulement par une mince cloison à hauteur d'appui.

Mais Vireton sans doute n'avait pas les mêmes raisons qu'elle de se cacher dans l'ombre ; il s'avança vers l'autre extrémité de la tribune et ouvrit hardiment les rideaux. Un éclat subit pénétra dans la lanterne ; alors les arrivants purent s'assurer que leur intrépide voisine n'était pas entièrement seule dans la loge ; deux hommes, enveloppés de manteaux comme Fabien, se tenaient près de la porte du fond et semblaient prêts à la défendre, le cas échéant.

Vireton examina d'abord l'inconnue avec attention, puis il fit signe à Fabien de s'approcher du balcon pour jouir du spectacle majestueux qu'offrait la grand'-chambre en ce moment.

La salle était tendue en tapisseries de haute lice, à fleurs-de-lys d'or sur un fond bleu. Les mêmes tapisseries couvraient les banquettes sur lesquelles s'asseyaient les conseillers et les pairs du royaume, d'où l'on disait que le parlement *siégeait sur les fleurs-de-lys*. En face des observateurs, de l'autre côté de la salle, se trouvait une seconde lanterne ; mais celle-là ne contenait ni des curieux ni des femmes ; les rideaux et les châssis relevés permettaient de voir un groupe compacte de gentilshommes portant l'écharpe isabelle. Cette circonstance fit froncer le sourcil à maître Eustache, qui venait d'apercevoir le coadjuteur assez empêché.

Les banquettes étaient disposées sur

trois côtés de la salle. Celles qu'on avait adossées aux murailles, se trouvaient beaucoup plus hautes que celles du centre; aussi chaque membre de cette noble assemblée était-il parfaitement en vue. Les pairs, avec leurs splendides costumes, leurs manteaux brochés d'or, leurs chapeaux à plumes blanches, se confondaient avec les simples conseillers en simarre et en ceinture noire; il était même d'usage, afin que la plus grande égalité parût régner entre tous les membres de l'assemblée, que deux conseillers siégeassent à chaque extrémité d'une banquette, occupée par les pairs.

Du reste, les princes du sang n'étaient pas mieux traités que le menu fretin de la chambre des enquêtes : ils s'asseyaient sur une banquette particulière, de la plus grande simplicité, en face des présidents à mortier ; c'était là leur seul privilège. Le banc des présidents n'avait non plus aucune distinction importante ; il s'appuyait contre le côté gauche de la muraille qui faisait face à la porte; le premier président, placé dans l'angle de la salle, pouvait embrasser d'un coup d'œil toute l'assemblée. Le seul objet qui rendît reconnaissable cette place d'honneur était un ancien tableau suspendu directement au-dessus, et qui, dans un même cadre, contenait trois sujets différents ; celui du milieu représentait un christ en croix devant lequel se prononçaient les serments. Une famille de robe possède aujourd'hui, on ne sait à quel titre, ce tableau curieux qui devrait appartenir à nos collections nationales.

L'assemblée avait un air de simplicité et de grandeur, de sévérité et de majesté dont nos assemblées législatives modernes donneraient difficilement une idée. Elle empruntait surtout son autorité souveraine au mérite supérieur de la plupart des personnages qui la composaient, personnages dont les noms sont restés consignés dans les fastes de notre histoire.

Le premier président était alors Mathieu Molé, la *Grande-Barbe*, comme l'appelait le peuple de Paris, Mathieu Molé, ce noble et imposant modèle de l'ancien magistrat français, inflexible comme la raison, inexorable comme la justice. Autour de lui, parmi les présidents à mortier, se groupaient d'Aligre, de Nesmond, de Bellièvre, de Mesmes ; au parquet des gens du roi on remarquait l'éloquent, le savant, le pathétique Omer Talon. Parmi les pairs, les familles les plus célèbres de France étaient représentées par les Rohan, les Bouillon, les Brissac, les Larochefoucault, et tant d'autres qu'il serait trop long de citer. On ne voyait cependant, au banc des princes du sang, que le prince de Condé et le prince de Conti ; M. Gaston d'Orléans, n'avait pas osé se rendre à cette séance qui promettait d'être agitée; il n'avait pas quitté le Luxembourg : les accès de frayeur auxquels il était sujet s'ap-

pelaient alors *les coliques de son altesse royale.*
Seulement, fidèle à son habitude de se ménager également les deux partis, il avait envoyé la moitié de sa noblesse à Condé et l'autre au coadjuteur; aussi les deux factions avaient-elles été fort surprises, quand elles s'étaient trouvées en présence, de voir la livrée de Monsieur dans les deux camps à la fois.

Malheureusement cette illustre compagnie n'offrait pas ce jour-là son aspect accoutumé. Au moment où Fabien se penchait au balcon de la lanterne, une altercation venait de s'élever entre le prince de Condé et le coadjuteur. Le premier, irascible, hautain, fruste dans son langage comme tous les hommes d'action, faisait retentir la salle des accents de sa colère ; le second, adroit, insinuant, poli, mais ferme et opiniâtre, lui répondait avec des formes respectueuses, mais sans lui céder sur aucun point. La plupart des membres du parlement, et surtout les jeunes conseillers de la chambre des enquêtes, prenaient chaudement parti pour l'un ou pour l'autre, suivant leurs opinions ; mais les vieux magistrats et les présidents semblaient voir avec douleur les scènes de désordre dont le temple des lois était le théâtre.

— Oui, monsieur, s'écriait le prince de Condé d'une voix tonnante, c'est un grand scandale qu'un ecclésiastique ambitieux ose profaner ainsi le sanctuaire de la justice? Le palais est entouré de troupes apostées par vous; vos gens ont des mots d'ordre, des signes de ralliement, des armes de toutes sortes... Vrai Dieu ! monsieur le coadjuteur, ceci devient intolérable.

Paul de Gondi s'inclina.

— Je ne nie pas, reprit-il avec une politesse ironique, peut-être à cause de son exagération, que je me sois fait accompagner de quelques amis pour maintenir ma liberté de penser et peut-être pour défendre ma vie... Mais votre Altesse daignerait-elle me dire pourquoi, si je lui parais coupable, elle se fait suivre d'une noblesse de beaucoup supérieure en nombre à mes amis?

Le prince se dressa de toute sa hauteur.

— Morbleu ! messieurs, s'écria-t-il avec colère, avez-vous jamais entendu pareille chose? Un coadjuteur de l'archevêque de Paris se met en parallèle avec moi, Louis de Bourbon! Jusqu'où donc ira son insolence? Paul de Gondi concevrait-il la pensée de disputer le pas au premier prince du sang?

Un profond silence, le silence de la terreur, régna dans la salle; mais Gondi ne parut pas terrassé par cette véhémente apostrophe.

— Je n'ai jamais eu la pensée de disputer le pas à votre Altesse, reprit-il de sa voix doucereuse, et certes on ne trouverait pas dans tout le royaume un homme assez insolent pour oser le faire; mais il est des personnes, dans cette salle même, qui, par leur dignité, ne peuvent et ne doivent céder le pas qu'au roi ; votre Altesse n'aurait pas dû l'ignorer ou l'oublier.

Cette réponse modérée mais vigoureuse provoqua des murmures et des applaudissements. Le tumulte de l'assemblée interrompit pendant quelques minutes cette lutte de paroles amères.

Malgré l'intérêt que Fabien et son compagnon prenaient à ces évènements, ils n'avaient pu s'empêcher de remarquer l'émotion singulière de leur voisine inconnue. Le cou tendu, retenant son haleine, elle soulevait légèrement un coin du rideau pour mieux apercevoir les traits et la contenance du coadjuteur. Quand Gondi se tut, elle laissa brusquement retomber la draperie, et dit avec agitation en se renversant en arrière :

— Bien, bien, il n'a pas fléchi... il n'a pas reculé d'un pouce! et moi qui les accusais d'être d'accord pour me tromper!

Ces paroles, prononcées d'une voix étouffée, n'arrivèrent pas distinctement aux oreilles des deux jeunes gens; mais Eustache, qui semblait fort bien connaître cette dame, poussa Fabien d'une manière significative. Bientôt l'inconnue se pencha de nouveau sur la balustrade de la tribune et retomba dans l'immobilité de l'attention.

Pendant ce temps, le silence s'était un peu rétabli ; le prince de Condé reprit avec dédain :

— L'avez-vous entendu, messieurs ? M. de Gondi pense qu'il y a des dignités qui ne doivent céder le pas qu'au roi... Il serait bon peut-être qu'il nous dît s'il croit que la dignité de coadjuteur de l'archevêque de Paris est de ce nombre.

— Je n'oserais le dire, répliqua le coadjuteur ; mais si cela était, peu de personnes trouveraient de la facilité à me faire céder le pas... surtout en ce moment.

— C'est un défi, jour de Dieu ! c'est un défi que me porte ce prêtre orgueilleux ! s'écria le prince indigné.

Mille cris partirent de tous les points de la salle. Les assistants se levèrent précipitamment ; les présidents, Mathieu Molé en tête, se jetèrent entre les deux rivaux et les supplièrent, les larmes aux yeux, de mettre fin à cette terrible scène qui pouvait causer les plus grands malheurs. C'était un spectacle imposant que de voir ces illustres magistrats, avec leur costume de cérémonie, leurs longues simarres d'hermine traînant jusqu'à terre, se prosterner presque aux genoux du prélat et du prince.

— Songez, monsieur, disait Omer Talon au coadjuteur, que vous êtes ministre des autels et que vous ne devez aimer ni le trouble ni le sang... Le premier coup d'arquebuse qui partira dans le palais ira retentir au dehors jusqu'aux limites de la France ; la première goutte de sang qui coulera dans cette enceinte peut devenir un océan qui inondera bientôt la patrie !

— Monseigneur, disait le premier président dans un autre groupe au prince de Condé, votre Altesse est le plus ferme appui du trône ; est ce à vous de l'ébranler ? Vous avez sauvé la France dans vingt batailles ; voulez-vous la perdre dans une guerre civile ? Prince du sang royal, est-ce à vous de braver les lois ?

Mais ces nobles paroles étaient perdues pour la foule qui s'agitait en tous sens. Les pairs se rapprochaient du chef de leur parti pour le soutenir et se provoquaient déjà. Les jeunes conseillers s'assuraient que les poignards, cachés dans leur ceinture, ne leur manqueraient pas au besoin. Enfin, cependant, la voix forte du prince de Condé domina le bruit.

— Messieurs, dit-il d'un ton plein de dignité, je m'appelle Louis de Bourbon et, quoi qu'on en dise, je ne veux pas la ruine de l'Etat ; je prie monsieur de Larochefoucault d'aller donner à mes amis qui sont dans la grand'salle l'ordre de se retirer.

— En ce cas-là, repartit le coadjuteur aussitôt, je vais moi-même prier les miens de s'éloigner ; je suis un homme de paix et, quoi qu'on en dise, j'ai horreur du sang.

Un murmure de satisfaction accueillit cette sage résolution des deux rivaux ; le sourire reparut sur bien des visages austères. Le coadjuteur et le duc de Larochefoucault sortirent pour aller faire évacuer la grand'salle; les présidents regagnèrent leur place. Les causeries continuaient, mais les démonstrations menaçantes avaient cessé; c'était comme un moment de calme entre deux tempêtes.

Pendant ce temps, la dame masquée, appuyant son menton sur sa main, continuait de se livrer à ses réflexions. Eustache se pencha vers Fabien et lui dit à voix basse :

— Il n'est plus nécessaire de vous cacher maintenant, monsieur de Croissi, vous pouvez quitter ce manteau qui vous étouffe... Mais dites-moi, de grâce, si vous ne reconnaissez pas cette dame qui semble prendre tant d'intérêt à ces débats?

— Et comment pourrais-je la connaître? dit Fabien en souriant; vous savez bien, Eustache, que je n'ai pas eu l'occasion de fréquenter beaucoup de femmes à Paris? D'ailleurs...

— Il faut cependant lui parler! reprit Vireton d'un air mystérieux, car, à ne vous rien cacher, c'est précisément pour elle que vous êtes ici...

Cette conversation fut interrompue par un nouvel évènement dont la gravité reclamait toute leur attention à l'un et à l'autre.

Nous avons dit qu'une espèce de calme relatif s'était établi dans la grand'chambre quand le coadjuteur et M. de Larochefoucault étaient sortis pour congédier les gens armés des deux partis. Tout à coup des cris épouvantables retentirent du côté du parquet des huissiers qui se trouvait entre le parlement et la salle des Pas-Perdus. Il se fit un grand silence, et on prêta l'oreille ; au même instant un conseiller du parti de Gondi s'écria d'une voix lamentable :

— Au secours ! au secours ! on assassine le coadjuteur !

A cette nouvelle, la salle entière bondit; des imprécations effroyables, mêlées de hurlements de joie, s'élevèrent de toutes parts. Molé se redressa, pâle comme un spectre, et leva vers le ciel ses yeux ardents. On courut à la porte, on se poussait, on s'injuriait, on voyait déjà briller des poignards et des épées nues.

En entendant annoncer la mort du coadjuteur, la dame masquée parut frappée de vertige. Elle se leva brusquement et s'écria d'une voix saccadée en se tordant les mains.

— Ils l'ont tué... C'est pour moi, c'est pour mon service qu'il est mort! Allez, messieurs, continua-t-elle en s'adressant aux deux hommes qui se tenaient immobiles et silencieux au fond de la loge, allez à son secours! Vengez-le... Je veux qu'il soit vengé.

Un des inconnus s'approcha d'elle et lui parla bas avec chaleur.

De son côté, Fabien n'était pas moins bouleversé par l'épouvantable évènement dont le bruit venait de se répandre. Il s'élança vers la porte de la loge en s'écriant :

— Le coadjuteur ! mon ami, mon bienfaiteur, celui qui m'a secouru dans mon infortune ?... Ouvrez, ouvrez, continua-t-il en frappant avec violence du pommeau de son épée la porte de la loge soigneusement fermée.

Eustache courut après lui et le retint par le bras.

— Où donc allez-vous, imprudent ? lui dit-il ; que ferez-vous ? Songez à votre sûreté !

— Ma sûreté ! répliqua Fabien hors de lui, que m'importe ma sûreté, lorsqu'il s'agit de sauver ou du moins de venger mon courageux protecteur! S'est-il inquiété de la sienne, lui, lorsqu'il s'est exposé pour me sauver à la colère d'une reine?

— Silence, malheureux!

— Ouvrez, ouvrez! répéta Fabien, en attaquant la porte dont le gardien s'était enfui.

— Vous n'avez personne à délivrer, personne à venger, reprit tout-à-coup Vireton, en regardant dans la salle, le voici lui-même.

—Qui donc?

— Le coadjuteur... c'était une fausse nouvelle.

Fabien regagna sa place; en effet le coadjuteur rentrait dans la grand'chambre appuyé sur monsieur de Champlatreux, fils du président Molé. Il était très pâle, il venait réellement de courir un immense danger; le duc de Larochefoucault, en sortant avec lui, l'avait pris par le cou entre les deux battants de la porte du parquet des huissiers ; il l'eût tué sans l'intervention de Champlatreux.

A la vue du coadjuteur sain et sauf, la dame inconnue fit entendre une exclamation brève, et Fabien, dans les transports de sa joie, embrassa Vireton. Mais de ce moment la femme masquée ne parut plus concentrer uniquement son attention sur la salle ; elle se tournait à la dérobée vers le jeune Croissi, et plusieurs fois elle attacha sur lui ses yeux perçants qui brillaient, comme deux escarboucles, à travers les ouvertures de son masque.

Cependant le coadjuteur était retourné lentement à sa place; d'un geste il réclama le silence.

— Monsieur le président, dit-il, avec un accent pénétré, j'avais cru jusqu'ici que vous étiez mon ennemi; mais le service que vient de me rendre monsieur votre fils me prouve combien je m'étais trompé... Je déclare publiquement que je dois la vie à monsieur de Champlatreux, et je vous en adresse ainsi qu'à lui mes sincères remercîments

Molé paraissait profondément ému; il regarda son fils, puis le coadjuteur, et fit signe de la main qu'il ne pouvait parler. A partir de cet évènement commençèrent, entre le premier président et Paul de Gondi, des rappports d'amitié qui ne cessèrent plus.

Cependant le prince de Condé causait chaleureusement avec les conseillers et les pairs de son parti ; il lui fallait nécessairement répondre d'une manière convenable aux paroles du coadjuteur, et il ne voulait pas frapper d'un blâme complet l'action de Larochefoucault, un de ses plus hardis partisans.

— Messieurs, dit-il enfin d'un air affligé, je regrette que le zèle d'un de mes amis l'ait emporté si loin à l'encontre de monsieur le coadjuteur; cependant monsieur le coadjuteur devrait se souvenir peut-être qu'il n'a pas eu toujours autant d'horreur pour ma mort que j'en montre aujourd'hui pour la sienne.

— Je sais à quoi votre Altesse veut faire allusion, reprit le prélat avec calme, mais elle s'est trompée en me croyant capable de m'arrêter un instant sans frémir à la pensée de sa mort... Avez-vous songé, continua-t-il en dardant son regard du côté des lanternes, que je pourrais produire un témoin, un témoin irrécusable, dont l'aveu vous forcerait vous-même de rendre justice à la loyauté de mes sentiments envers votre Altesse ?

— Levez-vous, ne vous cachez pas ! dit Eustache Vireton en s'adressant à Fabien.

La dame masquée s'agita sur son siége.

— Un témoin ! répéta le prince d'un air de défi, un témoin qui me fournirait la preuve que vous n'avez pas voulu récemment attenter à ma vie? Faites-le venir, monsieur le coadjuteur, faites-le venir, et s'il me prouve ce que vous dites, je vous tiendrai pour mon véritable ami... Mandez ce personnage ; il recevra des marques de ma munificence et du désir que j'ai de vous trouver innocent envers moi des noirceurs dont on vous accuse ! Si ce témoin est ici, qu'il se montre, qu'il parle, je lui promets ma protection et mon appui.

En même temps le prince promena les yeux autour de lui ; la dame masquée eut peine à cacher une vive émotion en voyant ce regard s'attacher sur Fabien. Elle se soulevait à demi, comme pour s'élancer au moindre mot, au moindre signe... Fabien ne bougea pas. Le coadjuteur sembla, pendant quelques secondes, prendre plaisir à tenir en suspens l'attention générale.

— Votre Altesse, dit-il enfin d'un ton froid, a mal compris le sens de mes paroles. Le témoin dont je veux parler, c'est Dieu, qui voit tout, qui connaît tout, et qui sait bien que je ne saurais entrer dans un complot dirigé contre les jours de votre Altesse.

Cette explication produisit quelque rumeur et même un certain désappointement dans la salle ; mais la dame masquée fit un geste de satisfaction, et se mit à causer à l'écart avec ses mystérieux compagnons.

VIII

Le Pardon.

La séance, après cette violente discussion, ne présenta plus rien de remarquable qu'une querelle assez vive entre le duc de Larochefoucault et le duc de Brissac ; mais ces incidents n'ont aucun rapport avec notre histoire. Enfin dix heures sonnèrent à l'horloge de la salle ;

c'était l'heure où la grand'chambre se séparait d'ordinaire. Le premier président annonça, d'une voix tremblante de joie, que l'audience était levée.

Un mouvement général suivit cette déclaration. Les membres du parlement commencèrent à sortir par groupes distincts qui s'observaient, sans toutefois se menacer. Fabien et son guide se levèrent pour aller rejoindre le coadjuteur dans la grand'-salle ; cette fois ils n'eurent pas de peine à se faire ouvrir la porte de la lanterne, car, l'alarme passée, le gardien avait regagné son poste. Cependant Vireton regardait d'un air préoccupé dans la loge voisine et semblait s'éloigner avec répugnance.

Lorsqu'ils arrivèrent dans le couloir, ils

trouvèrent la porte de cette loge encore gardée par plusieurs hommes enveloppés de manteaux. Ils allaient passer, lorsqu'un de ces inconnus, celui-là même qui s'était tenu près de la dame masquée pendant la séance, posa la main sur l'épaule de Fabien et lui dit d'une voix rude, mais qui n'avait rien d'hostile :

— Un instant, monsieur de Croissi ; quelqu'un vous attend de ce côté.

Fabien reconnut le maréchal d'Hocquincourt et, par l'ouverture du manteau, il remarqua plusieurs paires de pistolets suspendus au ceinturon de l'ami de la reine.

— Quoi ! c'est vous, monsieur le maréchal ? dit le jeune Croissi d'un ton amical en lui pressant la main ; je suis heureux de rencontrer enfin un seigneur généreux à qui je dois tant de reconnaissance !

— Bien, bien, mon brave garçon, répondit d'Hocquincourt à demi-voix ; si vous conservez un bon souvenir de moi, de mon côté, je n'ai pas oublié votre conduite courageuse et chevaleresque... Mais ne réveillons pas, en ce moment, de pareils souvenirs... Il y a là, continua-t-il en désignant la lanterne, une personne qui désire vous voir et qui croit avoir des torts à réparer envers vous.

— Quoi ! cette dame masquée...

— Ne la connaissez-vous pas ?

Alors seulement Fabien apprit ce que le

lecteur a sans doute deviné ; la dame masquée était la reine.

D'Hocquincourt, sans lui laisser le temps de se reconnaître, l'introduisit dans la loge obscure. La reine, drapée dans sa mante, semblait brisée par une grande émotion. Le jeune Croissi voulut fléchir le genou devant elle.

— Restez debout, dit Anne d'Autriche, je n'ai qu'un instant à vous donner... Jeune homme, ce que je viens de voir m'a fait connaître mes véritables amis. Dites à M. le coadjuteur que sa souveraine est heureuse d'avoir des serviteurs tels que lui... J'ai deviné sa pensée à votre sujet ; il savait que je devais me trouver à la séance, il a voulu me prouver que votre fidélité demeurait inébranlable comme la sienne. Si vous aviez dit un seul mot, tout à l'heure, devant le parlement sur ce que vous savez, il eût pu résulter de grands malheurs pour moi, pour la France!... A partir de ce moment, monsieur, vous n'avez plus besoin de vous cacher; vous êtes libre. Maintenant ma colère est tombée ; je puis apprécier les motifs de votre conduite passée, et peut-être trouverai-je moyen de vous prouver bientôt le cas que je fais de votre caractère !

— Madame, dit Fabien d'un ton pénétré, votre Majesté se montre si pleine de clémence et de bonté, que je la supplie d'étendre son pardon jusqu'à l'infortunée jeune fille qui...

— Ah! Montglat? reprit la reine avec un peu d'aigreur; c'est une autre affaire... mais n'importe, je lui pardonne aussi! J'imagine que vous avez les moyens de le lui apprendre?

—Celle dont parle votre Majesté est ma femme.

— Vraiment? je reconnais à ce trait l'adresse ordinaire du coadjuteur : il n'a pas voulu qu'on pût pardonner à l'un sans pardonner à l'autre... Dites donc à votre protecteur que je vous rends mes bonnes grâces, à tous les deux, à cause de lui. Venez ce soir au Palais-Cardinal avec cette... jeune femme; nous verrons ce que nous pourrons faire pour votre fortune. Monsieur d'Hocquincourt est votre ami; il vous introduira dans mon cabinet avant l'heure du cercle... Adieu.

Le jeune homme allait se confondre en remercîments, mais elle l'interrompit.

— Votre bras, monsieur d'Hocquincourt, dit-elle précipitamment.

Et elle s'éloigna, suivie des quatre ou cinq personnages qui lui servaient de gardes. Elle prit un couloir obscur, et sans doute elle sortit du Palais-de-Justice par des détours inconnus du public.

Fabien était resté comme étourdi par cet évènement inespéré. Eustache Vireton, qui, caché derrière la cloison de la lanterne, avait tout entendu, l'entraîna dans la grande salle avant qu'il eût repris ses sens Ils trouvèrent le coadjuteur debout au milieu d'un groupe animé ; en les apercevant il vint au-devant d'eux.

— Eh bien ! demanda-t-il avec empressement.

— Tout a réussi merveilleusement, monseigneur, dit Eustache ; grâce entière pour tous les deux ! M. Fabien s'est conduit comme s'il avait eu connaissance de nos projets.

— Bravo ! dit le prélat en se frottant les mains.

— Et c'est encore à vous que je dois tant de bonheur, monseigneur, dit Fabien avec reconnaissance ; la reine nous accorde notre grâce en récompense du dévoûment que vous venez de montrer pour son service.

— Ah! elle est contente de mon dévoûment, dit le coadjuteur d'un air de malice, en portant la main à son cou, encore très enflé, par suite de la tentavive criminelle de M. de Larochefoucault. Hum! je ne voudrais pas en donner chaque jour de pareilles preuves... Mais il est temps de nous séparer... Allons, messieurs, retournons au cloître.

Il descendit avec ses amis l'escalier de la rue de la Barillerie, pendant que les partisans de Condé se retiraient par l'escalier de la Sainte-Chapelle. « Et ainsi se termina, dit le coadjuteur lui-même dans ses mémoires, cette matinée, qui faillit abîmer tout Paris. »

Fabien éprouvait, comme on peut le

croire, la plus vive impatience d'annoncer à Elisabeth le résultat, heureux pour elle et pour lui, de cette mémorable séance. La jeune femme s'émut surtout à la nouvelle que la reine les recevrait le soir même au Palais-Cardinal.

— Elle n'est donc plus irritée contre moi? s'écria-t-elle en versant des larmes d'attendrissement. Oh ! Fabien, si vous saviez ce que j'ai souffert de penser que ma bonne et royale maîtresse avait pour moi de la haine et du mépris !

Le reste de la journée se passa pour les jeunes époux en projets d'avenir. Cependant la joie de Fabien était empoisonnée par le souvenir de la manière cruelle dont Albert de Croissi avait été traité dans la grand'salle. D'ailleurs, le baron devait se battre le soir même avec le capitaine des gardes du prince de Conti, et Fabien, quels que fussent les torts de son frère envers lui, ressentait de vives appréhensions en songeant aux suites possibles de ce duel. Il restait pensif et rêveur au moment même où Elisabeth s'abandonnait aux plus douces espérances.

Ils ne purent voir le coadjuteur du reste de la journée ; il était dans son cabinet, entouré de ses partisans et d'une foule de personnes de qualité qui venaient au cloître pour causer des évènements de la matinée. La cour et la ville semblaient s'être donné rendez-vous ce jour-là chez Paul de Gondi, tant l'affluence des carrosses était grande au petit archevêché. Cependant, à la chute du jour, le nombre des visiteurs diminua, les jeunes gens allaient se préparer à partir lorsque parut maître Eustache, tout pimpant, en manchettes et en rabat de dentelles. Il entra tout sautillant; derrière lui deux laquais portaient un costume complet de cavalier de la plus grande richesse.

— Quoi! pas encore prêts? dit-il en riant, et c'est dans une heure que vous devez être présentés à la reine? Mais je sais ce que c'est ; M. de Croissi ne trouve pas son habit vert convenable pour cette circonstance solennelle... eh bien, en voici un nouveau qu'il est prié d'accepter et dont il va se revêtir, sans perdre de temps.

Les laquais déposèrent les vêtements sur un meuble et sortirent.

— Quoi ! demanda Fabien au comble de l'étonnement, ce somptueux costume m'est destiné ?

— Oh ! ce n'est rien encore ; si cette aimable dame veut bien passer dans la chambre voisine, elle y trouvera la plus magnifique toilette de cour qu'il soit possible d'imaginer... Robe de velours, vertugadins, dentelles, tout est d'un goût exquis... J'ai laissé dame Germain en pâmoison devant ces belles choses !

— Mais, enfin, dites-nous...

— Je vous dirai de plus, continua l'écolier, que vous n'irez pas au Palais-Cardinal à pied, comme des solliciteurs et de petites gens... On prépare un carrosse pour vous transporter chez la reine ; vous aurez des pages à cheval aux portières ; des laquais courront en avant et porteront des torches : ce sera royal ?

— Mais, au nom du ciel, à qui devons-nous tant d'attentions délicates et de si riches présents ?

— Et à qui pourriez-vous les devoir sinon au brave, au généreux, au galant Paul de Gondi, coadjuteur de l'archevêque de Paris et bientôt cardinal de Retz ?

— Y songez-vous ? demanda Fabien, monseigneur, accablé d'occupations, d'embarras, de soucis...

— A pu penser encore aux parures de madame de Croissi, à votre pourpoint et à vos fraises, au carrosse qui vous convient le mieux, au nombre et à la qualité des gens qui doivent vous accompagner ; car il pense à tout, voit tout et sait tout... Il a suffi de quelques mots qu'il m'a glissés en causant avec des grands seigneurs, des princes et des ducs. J'ai porté des ordres à deux ou trois de ses familiers ; les ordres ont été exécutés comme par enchantement... Tenez, une fois pour toutes, je vous dirai mon opinion sur cet endiablé de coadjuteur : s'il avait douze royaumes à gouverner à la fois, il les gouvernerait seul et sans premier ministre, beaucoup mieux que ne sont gouvernés certains états, et il trouverait encore du temps pour composer des sermons et des madrigaux... Mais, hâtez-vous ; il ne faut pas faire attendre la personne que vous allez visiter... elle n'aime pas cela, je suppose !

Elisabeth, souriant des réflexions du sorbonnien, sortit pour aller se parer avec le secours de dame Germain. Quant à Fabien, il se mit sur-le-champ à sa toilette, sans que son compagnon voulût le quitter d'un instant. Loin de là, Vireton s'assit dans un fauteuil, étendit ses jambes, dont il examina complaisamment les contours sous des bas de soie neufs, et reprit d'un ton dégagé :

— Oui, vraiment! nous aurons fort bon air dans ce beau carrosse, escorté de laquais et de pages, et certainement notre arrivée fera sensation au Palais Cardinal.

— Quoi! maître Eustache, demanda Fabien avec surprise, devez-vous donc aussi nous accompagner?

—Et pourquoi non? dit le sorbonnien un peu piqué, ne trouvez-vous pas que j'aie une tournure assez cossue? Vive Dieu! je n'ai pas à regretter ma vieille soutane noire d'autrefois depuis que je suis dans ce cloître... *Sit nomen Domini benedictum!* Ces pauvres hères de la rue des Maçons ne me reconnaîtraient plus dans cette soie et ces dentelles; aussi je me propose un de ces jours d'aller rôder de ce côté afin de leur montrer ma prospérité... Mais, pour revenir à votre question, qu'y a-t-il d'étonnant que j'aille avec vous à la cour? ne pourrais-je pas bien passer pour votre secrétaire, votre intendant, que sais-je ?

— Mon pauvre Eustache, dit Fabien avec simplicité, je n'ai pas voulu vous fâcher ; je suis trop pauvre pour avoir intendant ou secrétaire, et si vous m'accompagnez, ce sera seulement à titre d'ami.

— Merci, monsieur de Croissi, reprit Eustache avec émotion, je n'oublierai pas cette bonne parole ; mais, continua-t-il plus gaîment, en vous accompagnant au Palais-Cardinal, je n'ai pas le désir d'affronter le regard de basilic de cette reine... Pendant que vous entrerez par la porte d'honneur, pour aller dans les salons royaux, moi j'entrerai par la porte du cloître, pour aller aux cuisines; j'ai des affaires de ce côté.

— En effet, vous visiterez sans doute ce brave garçon qui nous a rendu des services signalés et que j'aurais voulu pouvoir récompenser !

— Oh ! quant à la récompense, il est au comble de ses vœux ; je vais lui porter la nouvelle qu'il est marmiton en chef des cuisines royales ; il crèvera d'orgueil et de joie.

— Je le félicite sincèrement de sa nouvelle dignité, dit Fabien, qui ne put s'empêcher de sourire.

— C'est encore un des tours du coadjuteur ; il a bâclé cette affaire ce soir avec le pourvoyeur du palais, qui venait lui présenter ses respects... Croyez-vous que cet ambitieux de Boniface a refusé déjà d'être premier sous-aide de cuisine chez monseigneur? Il me répondit fièrement, quand j'en fis la proposition il y a quelques jours, qu'il était marmiton du roi et qu'il ne pouvait déroger à servir un coadjuteur... Mon cousin est le contraire de César, qui préférait être *primus in vico quam secundus in Româ.*

La toilette de Fabien s'acheva pendant cette conversation; Elisabeth reparut bientôt parée de tout ce qui pouvait rehausser la grâce et la beauté d'une femme à cette époque. Eustache s'extasiait sur leur bonne mine et leur élégance à tous deux.

Fabien offrit la main à sa femme; ils descendirent dans la grande cour; un carrosse très riche, quoique sans armoiries, les attendait. Comme l'avait annoncé Vireton, des laquais à cheval devaient les escorter et porter des flambeaux. Ils prirent place dans le carrosse ; mais au moment de sortir du cloître, un embarras subit les arrêta quelques instants.

Une troupe nombreuse de soldats encombrait la porte. Elle écoutait une discussion engagée entre le chef des gardes du coadjuteur et un gentilhomme étranger qui portait l'uniforme et les insignes d'officier. Comme la foule s'entr'ouvrait lentement pour laisser passer le carrosse, Fabien put entendre quelques mots de cette altercation.

— Je vous dis que vous ne pouvez voir monseigneur si vous n'avez un ordre exprès signé de sa main ! s'écriait le chef des gardes ; je connais tous les amis de monseigneur et vous m'êtes inconnu... Nous ne laissons pas ainsi pénétrer jusqu'à son Éminence ; ses ennemis auraient trop de facilité à se débarrasser d'elle !

— Et moi j'affirme au contraire, répliqua l'officier étranger, que je suis fort connu du coadjuteur, quoique je ne sois pas de son parti. J'ai des raisons pour cacher mon nom en ce moment ; mais je veux entretenir votre maître d'une affaire d'honneur qui ne souffre aucun retard.

Fabien, se penchant à la portière, jeta sur le solliciteur un regard distrait; il pâlit tout à coup en reconnaissant le marquis de Crenan, le capitaine aux gardes avec lequel son frère avait dû se battre le jour même. Dès que le carrosse eut franchi la porte du cloître, il ordonna d'arrêter, descendit de voiture, et revenant sur ses pas, il toucha l'épaule du capitaine.

— Monsieur de Crenan, dit-il à voix basse, un mot, s'il vous plaît.

En s'entendant appeler par son nom, le capitaine se retourna brusquement; voyant un gentilhomme bien mis et de bonnes manières, il le suivit sans hésiter sur la place du parvis.

— Monsieur le marquis, lui dit Fabien

avec émotion, excusez mon indiscrétion, mais pourrais-je vous demander si l'entrevue que vous désirez avoir avec M. le coadjuteur est relative à certain duel...

— Qui diable a pu vous dire cela? interrompit Crenan stupéfait; mais vous étiez sans doute aujourd'hui dans la grand'-salle, et vous avez eu connaissance de cette affaire comme tant d'autres... Eh bien, oui, c'est relativement à ce duel que je désirais voir le coadjuteur.

— Le coadjuteur personnellement?

Crenan garda d'abord le silence, comme s'il eût craint de révéler ses secrets à cet inconnu.

— Ma foi, reprit-il, vous pouvez m'aider à sortir d'embarras.. Je vous l'avouerai donc, ce n'est pas au coadjuteur que j'ai affaire, mais à certain jeune gentilhomme qu'il cache chez lui.

— Monsieur Fabien de Croissi?

— Justement. Le connaîtriez-vous?

— C'est moi-même.

— En ce cas-là, dit le marquis d'une voix grave, je viens remplir un grand devoir envers vous, monsieur; veuillez me suivre.

— Où donc?

— Auprès de votre frère qui va mourir.

— Mon frère... Albert... Où est-il?

— Là, dit le gentilhomme en désignant un carrosse qui stationnait sur la place du

Parvis, à l'ombre des tours de Notre-Dame.

Fabien suivit son guide en chancelant ; il oubliait en ce moment les crimes d'Albert ; une douleur poignante serrait sa poitrine. Crenan monta sur le marchepied et dit doucement :

— J'ai satisfait votre vœu, monsieur de Croissi ; je vous amène ce frère que vous avez désiré revoir.

— Mon frère ! dit une voix faible et cependant impérieuse encore qui sortait du carrosse, est-ce bien Fabien de Croissi qui vient assister à mes derniers moments ?

Le marquis salua, descendit du marchepied et invita Fabien à prendre sa place, pendant que lui-même s'éloignait de quelques pas pour ne point troubler cette lugubre entrevue.

— Oui, oui, c'est moi, monsieur le baron, dit Fabien en sanglotant; c'est moi qui vous supplie de me pardonner mes torts envers vous, comme je vous pardonne les vôtres envers moi !

Le moribond se tut un instant.

— Allons ! reprit-il comme s'il se parlait à lui-même, voilà bien à peu près les mots que je désirais entendre de sa bouche avant de mourir, lorsque j'ai supplié mon généreux adversaire de me conduire ici !... Eh bien, monsieur, continua-t-il d'un ton différent et avec une profonde amertume, le fils de madame de Ricul, le petit-fils d'un parvenu, va donc devenir par ma mort baron de Croissi? J'ai voulu le premier vous saluer de ce titre, et ce désir est sans doute celui d'un bon frère!

Ces paroles furent prononcées avec un accent qui fit frémir Fabien.

— Monsieur le baron, reprit-il avec douleur, pourquoi me supposer des sentiments fort éloignés de mon cœur? D'ailleurs votre blessure n'est peut-être pas mortelle; si vous voulez permettre qu'on vous transporte dans le cloître, on vous prodiguera toutes sortes de soins...

Albert s'agita péniblement sur les coussins qui lui servaient de couche.

— Non, non, murmura-t-il en gémissant; la nuit est trop noire pour que tu puisses voir la pâleur de mon front et sonder la profondeur de ma blessure. Mais rassure-toi, dans quelques instants tu pourras disposer de l'héritage... D'un moment à l'autre, le sang va m'étouffer, le médecin l'a dit. J'ai voulu profiter de mes derniers instants pour te voir, te parler encore... Sans doute tu me trouves bien coupable à ton égard, mais réfléchis à ce que tu devais être pour moi ! Je t'avais vu trois fois dans ma vie ; je te connaissais à peine ; fils d'une femme que je détestais, dont je méprisais l'origine, je t'avais nourri de mon pain, je devais te considérer comme mon vassal... Juge donc des efforts qu'il m'a fallu faire pour te montrer de l'intérêt, de l'affection, lorsque je te croyais nécessaire à mes desseins! Juge de la colère que j'ai dû ressentir lorsque je t'ai vu résister à mes volontés! Qu'étais-tu, pauvre serf, pour refuser de te sacrifier à la fortune de ton aîné?

Ces sinistres paroles furent accompagnées de râlements affreux; Fabien n'osait parler de peur d'irriter l'esprit égaré de son frère.

— Allons! sois heureux puisque je ne serai plus là pour le voir, reprit le mourant; mon hôtel est prêt, tu peux aller y prendre à l'instant ton logis... Va t'emparer de mon château de Croissi, les vassaux te connaissent; ils t'ont vu leur égal, ils te verront leur seigneur!... Prends mes biens, mais avec eux je te lègue le désir de les augmenter et l'impuissance d'y parvenir!

Il se tut encore et ses râlements devinrent plus déchirants.

— Mais j'oublie, continua-t-il enfin avec une espèce de joie méchante, que tu ne pourras jouir paisiblement de tout cela.. Te voilà captif dans le cloître Notre-Dame, et tu le seras bientôt dans une prison d'état. Je connais les courtisans, ils ne te pardonneront pas ; ton protecteur se lassera de te défendre ou bien il sera vaincu... Malgré ta farouche conscience, la vie ne sera pas pour toi semée de fleurs... Et puis, ta fiancée, ta chère Elisabeth, tu ne pourras l'épouser : elle est condamnée comme toi. Oui, oui! quoique tu hérites de ton aîné, toi, simple cadet né pour la misère, tu ne profiteras pas de cet heureux hasard qui te protège... et cela console !

Fabien restait immobile et silencieux. Que répondre à l'expression de cet affreux délire, signe certain d'une désorganisation prochaine ? Il versait des larmes amères.

En ce moment, Elisabeth, qui cherchait Fabien et s'inquiétait de sa longue absence, accourut avec les pages qui portaient des flambeaux. L'éclat subit des torches laissa voir au mourant les riches habillements des deux jeunes gens ; il se souleva péniblement et dit avec une sombre expression de haine :

— C'est donc là cette jeune fille que tu préfères à tout? Elle t'a donc suivi ? Que fait-elle ici dans cette brillante parure?

Toi-même, d'où te vient ce costume si différent des habits de drap gris que tu portais au manoir? Prévoyais-tu donc que tu deviendrais sitôt baron de Croissi?

La jeune fille se pencha dans l'intérieur du carrosse pour connaître l'interlocuteur de Fabien ; son regard rencontra le regard fauve de son beau frère.

— Bonjour, mademoiselle, dit Albert avec ironie, vous allez donc épouser votre fiancé, maintenant que je ne pourrai plus y porter obstacle?

— Monsieur le baron, dit Elisabeth timidement en baissant les yeux, ignorez-vous que nous sommes mariés?

— Mariés ! mariés ! répéta Croissi d'une voix sourde ; imprudents ! ils se marient lorsque la prison d'état attend l'époux, et le couvent l'épouse !

Elisabeth regarda Croissi d'un air d'étonnement ; elle voyait bien qu'il était blessé, mourant, mais elle ne comprenait rien à cet égarement farouche. Fabien lui fit un signe de la main, mais elle se méprit sur le sens qu'elle devait y attacher.

— Etes-vous si mal, monsieur le baron ? dit-elle avec tristesse ; nous serions heureux de consacrer notre vie pour embellir la vôtre, maintenant que nous allons être heureux !

— On vous a donc pardonné ?

— La reine a daigné nous accorder notre grâce, et nous allions la remercier au Palais-Cardinal.

— Au Palais-Cardinal? reprit le baron en s'agitant convulsivement, vous allez au Palais-Cardinal? mais sans doute on vous introduira par la porte dérobée, comme les roturiers et les intrigants. Moi, je n'ai jamais pu pénétrer au palais par la porte d'honneur... Mais ce carrosse, ces flambeaux, cette livrée!... répondez, continua-t-il d'une voix tonnante où s'étaient réunies ses dernières forces, est-ce par la porte d'honneur que vous entrerez chez la reine?

Fabien ne répondit pas.

— Il est donc vrai? s'écria le mourant; tu as obtenu plus d'avantages avec ta gros-

sière vertu que moi, ton aîné, avec ma
raison et ma sagesse; comme ce Jacob,
dont me parlait mon précepteur dans mon
enfance, tu m'as volé mon droit d'aînesse!
Tu vas être riche, honoré, puissant; tu
vas être comblé de faveurs, et moi je
meurs méprisé, repoussé de tous.... Eh
bien!... Adieu... je vous...

La voix expira sur ses lèvres ; il ne
put achever sa malédiction : il était mort.

Les jeunes gens étaient glacés de terreur. Crenan et Vireton vinrent les arracher à ce spectacle lugubre. Un moment après, les deux voitures se séparèrent et chacune prit une direction différente; l'une, sombre et silencieuse, roula pesamment vers le faubourg Saint-Germain, où se trouvait l'hôtel du défunt ; l'autre partit rapidement pour le Palais-Cardinal, à la lueur éblouissante des torches que portaient les valets.

FIN.

# TABLE

## DU DEUXIÈME VOLUME.

| | | |
|---|---|---|
| Chap. I. Les Courtisans | . . . . . . . . . | 1 |
| II. Le Conseil | . . . . . . . . . . | 35 |
| III. La Nouvelle | . . . . . . . . . | 65 |
| IV. La porte de l'impasse | . . . . . . . | 107 |
| V. Le cloître Notre-Dame | . . . . . . . | 149 |
| VI. La Grand'Salle | . . . . . . . . . | 193 |
| VII. Une séance du Parlement | . . . . . . | 237 |
| VIII. Le Pardon | . . . . . . . . . . | 269 |

Impr. de E. Dépée, à Sceaux.

A LA MÊME LIBRAIRIE.

# MÉMOIRES
# D'UNE HÉRITIÈRE

IMITÉS DE L'ANGLAIS

## DE MISS BURNEY,

PAR

## MADAME DE BAWR.

5 volumes in-8. — Prix : 30 francs.

Les **300** premiers **Souscripteurs** à cet ouvrage, recevront gratuitement en prime, l'ouvrage qui a pour titre **UN HÉRITAGE ROYAL**, par FABRE D'OLIVET, 7 volumes in-8.

*Il ne reste plus que quelques exemplaires de la prime.*

Sceaux, impr. de E. Dépée.

www.ingramcontent.com/pod-product-compliance
Lightning Source LLC
Chambersburg PA
CBHW062010180426
43199CB00034B/2176